溫和且堅定的正向教養・2

姚以婷 審定推薦

愛太多的父母，如何透過瞭解自己而改變孩子，
培養孩子的品格與能力

Parents Who Love Too Much

How Good Parents Can Learn to Love More Wisely and Develop Children of Character

簡・尼爾森博士（Jane Nelsen, Ed.D.）
雪柔・埃爾溫（Cheryl Erwin, M.A.）
著

簡捷
譯

遠流出版公司

目次

Contents

目次

Contents

各界推薦

父母師長可從本書中學習掌握阿德勒導向的尊重、平等態度，並實踐兩代間正向的合作係，以培養孩子的社會情懷。

——林上能／臺灣阿德勒心理學會副理事長、諮商心理師

現代父母常在對孩子究竟要「管多一點」還是「管少一點」之間矛盾衝突，本書提供我們與孩子相處的教養新指引，介於高控制與高放縱之間的智慧教養原則—溫和而堅定，是我始終認同的人際互動法則，最能培養出獨立自主且懂得關懷與尊重的孩子。

——陳志恆／諮商心理師、作家

五十年的教育智慧，值得浸泡其中，感受不同層次的力量。

——陳其正（醜爸）／親職教育顧問

溫和且堅定的正向教養，可以培養自立的孩子性格、以及共好的親子關係，父母可以給予孩子真正需要的愛，而不是威權型的錯愛、或放任型的溺愛，是非常值得學習和實踐的教養心法喔！

——趙介亭／綠豆粉圓爸、可能教育創辦人

缺乏智慧的愛與教養，反而更傷害孩子。謝謝作者指出許多現今成人對待孩子的錯誤方式，並提供更有智慧的方法來幫助孩子成長。

——羅寶鴻／蒙特梭利親職教育專家

內容周詳，範圍全面，書中有詳細的建議，可幫助父母們用愛心教養出獨立、抗壓力強的孩子。

——Richard Bromfield 博士，哈佛大學醫學院教授

父母付出「沒有智慧的愛」，反而會傷害孩子。本書可以幫助你採用更有智慧的方法、對孩子更有益處的方法，付出你的愛。

——Richard Eyre，紐約時報第一名暢銷書《教導孩子價值》作者

本書的訊息直接又詳細，適用不同年齡的孩子和不同的家庭關係。這是一種符合常識的教養原則。

——Leslie Hayes, 青少年飲酒、禁藥輔導團體創辦人

本書幫助我們與孩子溝通，也幫助孩子培養出自信與尊嚴。

——Bruce Ettinger,，兒童協會執行董事

許多父母告訴我，他們實踐了書中的方式，非常有用！這是第一次碰到真正對人有幫助、能讓大家擁有能力的教材，可以改變我們的家庭。

——Karen Pierce, HCA Portsmouth Pavilion

導讀專文

正向教養：自由又有界限的阿德勒教養法

姚以婷　美國正向教養協會國際顧問／認證資深導師、
亞洲阿德勒心理協會理事長、台灣亞和心理諮商所院長

二〇一一年在國立台北教育大學完成阿德勒心理學專題研究的碩士論文後，我開始每年飛到美國接受正向教養講師培訓，並在台灣引進與教導這套以阿德勒心理學為基礎的兒童教育法則。二〇一四年參加全球導師訓練營的時候，第一次見到正向教養創始人簡・尼爾森（Jane Nelson）和高級導師雪柔・埃爾溫（Cheryl Erwin），她們二人不但是該次導師選拔訓練營的評審委員，更是你手上這本《溫和且堅定的正向教養 2》的作者。

早已享譽全球的育兒教主簡・尼爾森博士，雖然已近八十高齡，膝下有十七位孫兒，課間休息時仍是平易近人，親切的在教室中輪流問候來自歐、亞、美洲十一個國家的候選導師參與者。隨著現場音樂響起，她更興奮地與大家一同扭動腰肢熱舞。如今已整整五年

過去，那天她在樂曲中欣喜歡呼、跟我碰碰屁股的感覺，仍然鮮活有如當下。我的內心被這位不符合東方老人典型的簡奶奶衝擊到，「哇！我也想活成這樣，歡喜貢獻人群的八十歲！」結束時，簡・尼爾森博士對合格者授予導師證，同時也宣布那是她最後一次親自帶領導師訓練營。

二〇一五年在上海，我與雪柔・埃爾溫於首度舉辦的正向教養亞洲年會再度相遇，我們倆都受邀參與演說，並幸運的成為同床共枕、無話不談的室友。才華洋溢的雪柔除了是正向教養高級導師、執業二十年以上的婚姻與家庭諮商師，也是知名暢銷書作家，是《跟阿德勒學正向教養：學齡前兒童篇》（Positive Discipline for Preschoolers）、《零到三歲孩子的正面管教》（Positive Discipline: the First Three Years）、《單親家庭正面管教》（Positive Discipline for Single Parents）等七本正向教養書籍的共同作者，另外還有四本由她個人或是與哈佛大學李察・布菲爾德博士（Richard Bromfield Ph.D.）合著的育兒書籍。她不僅學識淵博，細膩具豐富情感的文筆恰如其人，同時任職內華達州立大學RENO早期幼兒教育計畫的心理健康顧問，還是內華達州公共廣播電台的知名親子教養電台節目主持人。

我們雖來自不同國家，感覺卻十分投緣。雪柔年長我一些，那次年會後我倆結拜成為乾姊妹，經常交流生活點滴或在課程中相約見面。她在正向教養學習之途上，慷慨給予我很多寶貴的經驗分享及指導。我邀請雪柔於二〇一七年十月底來台灣，帶領正向教養家長講師和學校講師認證班的兩期工作坊，她優雅謙和的風度與深厚的正向教養學理知識，給所有台灣同學們留下深刻美好的學習典範。雪柔預計二〇二〇年一月再度來台，深度分享本書內容以及正向教養於早期教育和學校環境中的運用。

父母有可能愛太多嗎？

兩位作者在這本書中提出的顛覆性觀點，直到今天仍然挑戰著父母們的育兒知識。「我很愛孩子啊！我捨不得買東西給自己，但是給孩子一定是最好的。孩子明知我很疼愛他，但為什麼還是不聽話、也不尊重我呢？」愛太多的父母，概要說來，就如同我經常在演說時所提到的現代「三多父母」現象，因為愛太多的父母總是為孩子**做太多**；雖以愛為出發點，卻在某些方面保護過多，例如嘮叨、說教等限制，這是**說太多**；又會在某些方面溺愛、縱容太多，例如衣服玩具或是用品，給孩子**買太多**。

我們每天都面對著各方面的生活壓力。全球化的工作競爭、快速變化的商業型態、人口結構高齡化和節節下降的生育率、快速爬升的離婚率等等，都會加重養兒育女的負擔。而父母的情緒表現，以及父母不斷付出時間與精力來應付生活壓力，加上家長內心對孩子的愧疚感經常牽動著「我給孩子的愛不足」的念頭，將會導致父母行為上的愛太多。這也就是奧地利心理學大師阿德勒所指出的「過度補償」概念。

面對這個現象，本書兩位作者指出，如果家長不移除自己的愧疚感，就很容易在親子互動當中，用溺愛或責罵去激起孩子的愧疚感，藉以控制孩子的行為。結果可能正好相反，導致孩子要的更多、更不尊重家長。**移除愧疚感，是本書為家長們指出解套「愛太多」的重要途徑。**

「溺愛放縱」是最輕鬆、甚至偷懶的管教方法

許多父母並不瞭解：溺愛對於兒童的品格會造成損害。在孩子尖叫吵鬧著要買玩具時，對於父母而言，「直接買玩具」要比「前思後想如何拒絕或者溝通」來得簡單太多了。更何況父母通常可以用愛做為藉口，去遷就妥協孩子的要求。**從正向教養的觀點來看，父母放縱和溺愛兒童的行為，是一種缺乏愛心的表現**，溺愛與放縱的教養是輕鬆容易的，家長不須花費心力、不須絞盡腦汁的去思考：在這種情況下，可以如何給兒童創造和建立自信的機會。有些父母寧可縮衣節食去滿足孩子的物質慾望，也許背後的原因是不希望孩子感覺差人一截，希望滿足孩子「別人有我也要有」。殊不知，如此一來反倒剝奪了孩子學習抗壓、學習為他人著想的機會。孩子沒有機會去體驗如何從失望和沮喪的情緒中恢復平

常心，自然也不能學會如何從失敗中站起來，發展出勇氣和自信。

另外有些人相信，真正愛孩子的父母要能夠做到「防止孩子犯錯」，於是設下嚴厲的規範，認為只要自己勤加鞭策和約束孩子的觀念和行動，便能夠形塑出「好孩子」該有的樣子。這些採取「嚴厲控管」孩子的父母，同樣也是愛的太過度了。

解開親子愛的迷思

愛不是問題，問題是出在以愛為名的行為，本書在第一章中，對以愛為名的十六項錯誤管教方式進行詳盡說明，能夠幫助家長們對教養方法有正確和清楚的認識。我希望你一定要看，因為你很可能會跟我一樣，驚訝的發現，我們都曾經做過其中的愛太多行為。當你覺得「真的嗎？我費心力為孩子這樣做，真的不好嗎？」的時候，可以檢視以下提問：「對於生活中的事物，孩子能夠自主承擔起他應負的責任嗎？」如果答案是沒有，意味著你的親子互動和管教方式很可能需要改變了。

看過此書後，父母們便會對自己「自以為在愛孩子」的行為比較有意識。例如孩子經常忘記帶東西去學校，仰賴父母緊急送去搭救孩子，避免遭受老師責罰；作者針對這點指出，「長期下來就像是告訴孩子，他們的能力不足以獨立面對問題、解決問題」。相對的，過度控制孩子，例如總是告訴孩子應該或不應該做這做那，也會形成同樣的影響，讓孩子覺得「我自己的能力不足以獨立面對和解決問題，只有迎合別人，我才有價值；只有反抗父母，才能贏得自我」。這些對孩子的負面影響都不會是父母想要的。

家長們閱讀此書之後，就可以避開愛太多的陷阱，學習坦然接受原本覺得自己會不會有點無情、然而卻是正當拒絕孩子不合理要求的教養方法。此外，就算是犯下了愛太多的偏誤管教，也會從書中知道如何改正自己的管教方法。

不溺愛孩子，那還有什麼可以做？

書中多處說明，實際生活中如何使用正向教養工具及方法來與孩子互動。例如，家長可以用「反映式傾聽」（第二章）讓孩子感覺到被理解，而不是讓孩子覺得他的要求都被否定、被拒絕。接下來，家長可使用「啟發式提問」和「跟孩子一起解決問題」，親子一同討論出解決方案，並讓孩子選擇解決方案，這樣能幫助孩子發展解決問題的思考能力。家長也可以透過「事先約定」、說到做到這項教養工具。還有，家長可以「決定自己要做的是什麼」，以親切不帶歉意的態度表達立場，自己願意提供那些協助、不願意做那些，向孩子說明你的決定。舉例來說，家長可以告訴孩子：「你一定很難過，你覺得怎麼做才能讓事情更好？」以上只是列舉出一些範例，實際內容當然更豐富，書中還有許多其他有效的正向教養工具以及使用範例解說。

書中還提到一個特別的觀念：父母可以「有意識的不負責」（見第二章）。這是作者推薦的一種教養方式，乍聽之下令人有點驚訝，甚至反感，以為作者要我們放棄孩子。實際上作者要強調的是：**父母不應該承擔孩子可以自己做的事**，例如，穿衣、吃飯、上學等。如果父母為孩子承擔，孩子不但無法學會自律，父母也可能常常弄到自己暴躁又怨怒。**父母要做的應該是：轉而教導孩子「探索自己行為的後果」**，一或二次穿錯衣服或沒吃飯，並不會造成永久損害，可以在事後耐心的詢問並與孩子對話，引導孩子學習為自己負責。

精華篇章總整理

本書共有十四章，作者以大篇幅內容解說什麼是愛太多的不當管教行為，以及這些行為的可能由來，又會對孩子成長中的人格造成什麼傷害。書中同時提到，父母應該如何瞭解人格形塑的因素、應該如何使用正向教養法幫助孩子建立健全的人格。

為了便利讀者閱讀與吸收書中精華，以下分章摘要歸納說明：

第一、二章：定義哪些行為是父母愛孩子太過度的行為，以及父母的這種行為，會對孩子造成哪些傷害；

第三、四章：詳細解說溺愛放縱與嚴加控管，皆為不當的的兩極管教法；

第五、六章：討論愛太多的發展歷史與成因，包含許多有趣又嚴肅的觀點，像是文化與社會結構、媒體傳播、輿論壓力、工作和托育、單親的愧疚感；

第七、八章：幫助父母自覺，無效的管教方法會妨礙孩子獨立；

第九、十章：瞭解孩子的成長需求，並在家中以正向教養打造健全人格；

第十一、十二章：家長自身性格會導致所使用的教養方式；

第十三、十四章：不再愛太多，運用正向教養走入孩子世界。

總結

在簡．尼爾森博士所創立的正向教養（Positive Discipline）教育體系中，將「成功」定義為「成為社會中快樂、有貢獻的一員」。想要養出健康快樂的孩子，只有愛是不夠的，因為愛有很多不同定義和方法，只有愛無法給予孩子歸屬和價值感，也無法幫助孩子建立良好的品格與能力，為成功的人生打下基礎。

父母自我覺察就是改變的第一步。家長們可能花了很多力氣，卻得不到想要的親子關係，只因為用錯了愛的方法，作者在書中展示了如何將親子關係從內疚和操縱，轉化到到誠實與合作；同時幫助父母們做好丟棄老舊無效管教模式（叨念、罵人、責罰、寵溺孩子等），迎接有效的正向教養法（尊重和花時間連結、傾聽和提問等）的準備。要做到這些聽起來好像很難，但事實並非如此，你會在書中找到具體的行動，技巧和態度，包括：

1. 給孩子他們「需要」的東西，而不是他們「想要」的東西；
2. 學會鼓勵和培養品格與能力，不要過度放縱，過度保護或過度控制；

讓我們靜下心，為自己也為孩子的未來，改變將由細讀本書開始。希望你能跟我一樣享受本書，並受益於書中專業又生活化的育兒知識與經驗分享。

引言

問問你身邊的成年人：他們生命中最重要的是什麼？通常答案是「小孩」和「教養」。再問問他們生命中感到最挫折的是什麼，那你很可能會聽到這兩個關鍵詞再出現一次。我們在勾勒理想人生藍圖的時候，「生小孩」這件事聽起來如此單純，但實際情況可是複雜到難以想像。

今日去拜訪任何一個家庭，如果他們家裡有小孩，你只要靜靜坐在角落觀察一會兒，馬上就看得出來了——孩子活動的跡象隨處可見。你會看到家裡有玩具，也許整齊收在籃子裡，或是被活力旺盛的小朋友撒得滿地都是；相片點綴了一面牆、幾張桌子，年幼的小臉在裡頭燦爛地對你微笑；冰箱上可能貼滿了美勞作品、成績卡、各種童年時光的紀念。

再往遠一點的地方看，你也許還會看到孩子本人。每個孩子的體型、年紀、能力、性格都不同，但我們可以確定一件事：父母非常愛這些孩子（儘管掙扎和挫折在所難免）。事實上，對大多數家庭而言，孩子的出生是重要大事，極具意義，所有細節都鐫刻在父母心中，一輩子永難忘懷。隨著孩子成長、轉變、學習新知、啟程探索他們自己的生命之旅，父母也累積了滿屋子珍若至寶的回憶。父母們會把這些回憶故事告訴其他父母，也說給自己的孩子、孩子的孩子聽，一代一代生生不息地傳下去。

以上是最理想的情況。但事與願違的狀況太常發生了——有些父母無法理解為何孩子不感恩他們的付出；有的父母因為孩子貪得無厭而備感挫折；當孩子長大了、父母要求他們獨立的時候，孩子卻感到氣憤、埋怨；還有的父母無法理解：為什麼「我都教了這麼久」，孩子還是沒有成為積極、負責任的人。最令家長不解的是，「我處處為孩子想，為什麼孩子卻沒有學會為他人著想？」

也許，這就是問題所在。

現代的家庭生活以孩子為中心。儘管現代家庭有許多不同型態（而我們身為作者，也相信每一個人都有能力活得精采），不過大多數的父母都有個共通點：養育孩子、與孩子相處，對他們來說都是生命中最有挑戰性、收穫也最豐富的一件事。我們知道你一定深愛你的孩子——正因為你關心他們，你才會翻開這本書。但是，「愛孩子」並不代表我們真的知道該如何把孩子教好。雖然有關親職教育的資訊很多，可是慈愛的父母肩負教養重任，每天面對孩子帶來的各種苦惱和疑難雜症，有時候仍然感到困惑、不知所措。

父母拉拔孩子長大，必須做出許多犧牲。為人父母為孩子付出時間、資源、精力，在所不惜，更得從內心深處發掘出足夠的愛，才能甘願為孩子奔波勞苦。教養孩子必須有耐心，這絕非易事；不僅如此，父母還得學習如何做出明智的決定，設下妥當的規範，領導孩子擁有快樂、健康的人生。只要想到這些，許多愛子心切的父母們便開始擔心了。

稍後我們會提到，論起教養這件事，「愛」往往不是主要的問題所在。凡是當過父母的人，只要見證過嬰兒降生的瞬間、與咯咯笑的幼兒玩過捉迷藏，曾經目送青年啟程邁向外面的世界……一定會告訴你當時感受到的愛是多麼豐沛，令人動容。父母的愛極為深厚，他們願意為孩子做任何事，願意為孩子的幸福犧牲自己，願意為了滿足孩子的願望而縮衣節食。父母們不管是控制孩子的行為和營養攝取，還是為孩子的生活增添趣味娛樂，或是督促孩子力爭上游，全都以愛為名。

但，只要有愛就夠了嗎？畢竟父母們舉著同一面愛的大旗，實際行動卻千差萬別。父母的控制與縱容、給予與剝奪、懲罰與擁抱，全都出自於「愛」——而且這些行為還有可能在一天之內同時發生！有一集「莫瑞波維奇脫口秀（The Maury Povich Show）」邀請幾位家有嚴重肥胖嬰幼兒的媽媽們上節目，其中甚至有孩子年僅三歲，卻重達四十五公斤。現場的醫學專家、震驚的觀眾還有主持人紛紛詢問這些家長：醫學早已證實肥胖有害健康，為什麼她們明知道，還是縱容孩子一直吃？這些媽媽一個接一個說出了同樣的答案：「因為我愛我的孩子。」其中有不少媽媽年輕的時候家境貧寒，無法滿足基本生活需求，現在要她們剝奪孩子渴望的東西，不論它有多不健康，都令她們感到無比殘忍。

這確實是非常極端的案例。但是，當代社會的家長是史上教育程度最高、經濟最富裕的，為什麼下一代暴力行為的比例卻急速攀升？為什麼自私、霸道的小朋友比比皆是？上一個年代的感恩、勤勉到哪兒去了？我們的孩子發生了什麼事？他們日後又會長成什麼樣的大人？

事實擺在眼前：**用盡全力愛孩子，並不是健康又有效的教養方式；有時「愛」反而會使得立意良善的父母走向極端**。家長要不是嚴格控制孩子、緊迫盯人（用意都是「為了孩子好」），就是太過慈愛放縱（目的是「希望家裡每個人都感到溫暖」）。有次我們建議一位媽媽，不妨讓她八歲的孩子動手做自己的午餐便當，這樣可以讓孩子對自己辦事能力產生信心，相信自己對這個家有所貢獻；另一方面，孩子也更樂意吃完自己費心準備的便當，不會再動不動把食物倒進垃圾桶。這位媽媽聽了很震驚地說：「可是我一直以為，愛孩子的父母就是應該幫孩子準備便當。」

愛太多的父母，總是為孩子做了太多。有時候父母以愛為出發點，卻在某些地方管得太過嚴，其他方面又過度縱容。稍有不慎，家庭生活便可能演變成一連串的權力鬥爭，牽扯出無止盡的口角和衝突。真巧，我們身為作者對這種情況也很瞭解，因為我們也是愛孩子的父母，該犯的錯都犯過。

我們在工作坊或演講中接觸過的每一位家長，都想當個好父母；他們都非常重視孩子的教養，卻感到無所適從。現代父母不僅得面對五花八門的親職教育課程和教養原則，同時自己內心矛盾的感受和需求（該以工作還是家庭為重？）又使得他們愧疚不已。專家意見氾濫，書店架上擺滿了親子教養書，每一本都說這樣教小孩最好。電視和廣播節目裡隨處可見親子專家的主題，親子雜誌裡談教養的文章隨便一翻就有幾十篇，各有各的主張。專論親子教育、家庭關係的網站也如雨後春筍般冒出，每一家都告訴你這是「最好」的教養方針。家長怎麼可能知道該怎麼做呢？究竟誰說的才是事實？如果控制和縱容都不是正確解答（後文會解釋，我們堅信這兩種做法都不對），那答案到底是什麼？

本書的目的不是要告訴你唯一的「正解」，而是找出對你和孩子來說最管用的答案，以便培養你心目中理想的親子關係。本書旨在刺激家長思考，鼓勵家長探索：自己真正想教給孩子的是什麼——每個人重視的教養重點可能都不同。我們希望引導各位父母在教導孩子時把眼光放遠，想想長期的影響（詳待後述），同時幫助父母建立自信，培養必要的教養技巧，為孩子做出妥善的決定（隨著孩子長大成熟，你會陪著孩子一起做決定），引導他們成長為積極、有競爭力的成年人，不僅活得快樂、享受人生，也為周遭的世界做出貢獻。

我們也希望，讀者讀完本書之後，能建立起必要的知識和信心，不只用愛，也用智慧來教育孩子。我們也想告訴各位：如果希望孩子擁有良好的品格和技能，好讓他們長大以後成為健康、快樂、對社會有所貢獻的人，那麼家長當下「感覺」最好的做法，通常不是最佳選項。

你也知道，教養孩子不容易。現在的世界日新月異，爸媽教育孩子的技巧和理念，往往跟不上環境變化的速度。在後文當中，我們將會帶你探索親子教養的世界。這些年來，有許多父母慷慨與我們分享自己的教養經驗，現在我們也會把這些故事說給你聽。同時，本書也會帶你檢視自己的教養方式（不論是否有效），探索你為什麼會成為這樣的父母，以及你的這些教養觀念是怎麼來的。書中也收錄了不少妙計，幫助你瞭解孩子，瞭解他們對人生、對自己的看法，教你如何在他們的世界中發揮父母的職責。

最重要的一點，**本書會傳授一招真正有效的教養方式，那就是「溫和且堅定的教養態度」**。只要善加運用你對孩子深切的愛，父母便能引領孩子走向雙方都由衷滿意的人生。深思熟慮，明白自己的行為會對孩子產生什麼樣的長期影響，你就能以此為基礎，發展出自己獨特的教養方法。

身為家長，你一定也曾經懷疑自己是否「做對了」；難免也有那麼幾次，你很確定自己做錯了。犯錯也是學習的一部分，我們都是過來人。身為本書作者，同時也是孩子的父母，我們對這個機會滿懷謙卑，在此對所有為了孩子奉獻出龐大時間、心力的人，致上由衷的敬意。請找個舒適的位子，為自己找點東西喝，保持開放的心態——因為你對於親子教育的某些既定觀念，現在就要受到挑戰了。不過，我們相信結果是值得的：你會教出健康、獨立、快樂的孩子，自己也會成為自信、樂觀的家長。我們開始吧。

第1章

父母真的有可能「愛孩子太多」嗎？

所有父母都愛自己的孩子，但每個人對「愛」的定義不同，表達方式也不同，但親子之間的羈絆幾乎是神聖的。書籍、藝術、音樂，甚至連廣告都歌頌著珍貴的童年時光。大多數的父母都會告訴你，他們曾凝視搖籃裡沉睡的嬰孩許久，享受這段美妙的時光，感受新生命的份量和喜悅，以及隨之而來的責任。父母知道他們肩負莊嚴的義務，必須保護、養育、珍愛自己的孩子；父母也知道這是個機會，他們會與孩子一起開懷大笑，彼此陪伴，珍惜孩子生命中的每一個「第一次」：第一顆牙齒、第一個字、第一次走路、第一天上學，一直到第一次約會，然後終於抱了第一個金孫（當然，我們都希望這一天別來得太早）。親子之愛至此又開始下一個循環，迎接新的世代。

面對這個神聖職責，父母的心態無比莊重：看看他們為孩子投入的龐大資源就知道了。父母們讀遍了親子雜誌和書籍，四處參加親職教育課程；在教堂、在咖啡店、在網路聊天室裡，父母們彼此分享教養心得和孩子的行為問題。他們為孩子奉獻了驚人的時間、心力、資源，就算犧牲自己的利益也在所不惜。為什麼？因為他們深愛著自己的孩子。

我們都明白，愛是奇蹟。許多人永遠不能忘記我們在生命中真正感受到愛的時刻（那些未曾真正感受到愛的人，也憧憬著自己有朝一日能有這樣的機會）。父母對親生孩子的愛是如此強烈，懾人心魄。人類的愛是沒有極限的。難道不是嗎？

許多人看不懂本書的書名，甚至覺得不高興：父母怎麼可能愛得「太多」？事實上，愛不是問題；問題是父母打著愛的名號所做出的行為。通常，這些行為一開始造成的後果並不明顯，但等到後果浮現，又已經太遲了。

現在，我們鼓勵父母重新審視自己對親子教養的觀念，以及自己用什麼方式經營親子關係。父母也應該瞭解，有時候在當下認為是在愛孩子的行為，對孩子來說其實不是最有愛的處理方式。我們無意貶損或責備家長，我們常與爸爸媽媽們來往；最重要的是：我們自己也是孩子的媽。把孩子教好難如登天，我們太瞭解了。我們只希望幫助家長意識到，自己以愛為出發點做出的決定，會對孩子造成什麼樣的長期影響。

愛太多，很正常

如果你也是一般的父母，那麼多少會有點「愛太多」的傾向；事實上，幾乎所有父母都太愛自己的孩子了（也許除了極少數有心理疾患，完全沒辦法愛的人之外）。接下來就

「愛」不是問題。問題在於父母打著愛的名號所做出的行為。

讓我們花點時間，看看你是不是也有下列傾向吧。（沒關係，這些事我們都做過。）

過度保護

過度保護的家長，總是沒發現自己的孩子早已能獨立自主。孩子在遊樂場玩爬格子的時候，他們不放心讓孩子爬上最頂端；他們不准孩子在家附近騎腳踏車；他們竭力防止孩子碰上任何可能會傷害幼小心靈的場面。隨著孩子漸漸長大，過度保護的父母開始預防孩子犯錯，卻沒有告訴孩子：犯錯的價值在於從中學習，犯錯是磨練能力和辦事能力的大好機會。

為人父母當然必須保護孩子的安全，但是過度保護反而容易造成孩子畏畏縮縮，對自己的能力失去信心。在這種情況下，有的孩子會反抗緊迫盯人的父母，造成各種家庭衝突。過度保護不僅會消耗父母大量心力，孩子通常也不領情。幾乎沒有孩子會認同家長過度保護的理由。

出手救援

出手救援孩子的父母，常常在早上九點零七分衝到學校，手上拿著孩子忘了帶的作業（可能還是爸媽幫忙寫完的，因為小朋友一直拖到最後一刻才動工），或是麥當勞外帶的午餐（因為孩子忘了把媽媽精心準備的便當帶出門）。

這類父母碰到孩子出現不當行為的時候，往往代為向老師求情；他們會直接沒收孩子從雜貨店偷拿的糖果，而不是要求孩子拿回店裡，自己面對老闆的斥責。他們幫青少年付清漏繳的汽車保險金，而不是嚴格執行事前的約定，收回孩子開車的權利。這些父母會告訴你，「他只是個孩子嘛。」到最後，出手救援的父母反而心裡出現了疑惑：為什麼自己的孩子永遠學不會負責？

縱容

大多數人都聽說過，縱容對孩子沒有好處。但是，比起嚴格執行所有規定，「放任」實在是簡單太多了！放任之後，有時父母會突然覺得應該要給孩子一些空間自由成長，讓他們探索世界，免得孩子被一句不由分說的「不行」扼殺了創造力和自尊心。這時卻發現孩子還沒有發展出自律、自制、體諒他人的能力……這樣的現實，無情地喚醒了這些父母。這些「被寵壞的小鬼」不受人喜歡，這樣也使得縱容的父母十分受傷，心裡不是滋味。

過度控制

過度控制這件事有點複雜，它看起來不像是愛的表現。對孩子說教、責備、處罰，替孩子決定所有事情等等行為，或許無法讓人感動到淚眼朦朧，但是有這種傾向的父母往往會說：「我太愛你了，怎麼能讓你變成沒家教的小孩。」同樣地，事實證明孩子大多不會接受父母過度控制的作法，反而會以行動反抗，或是改採偷雞摸狗的策略，在爸媽看不到的地方依然故我。家長之所以選擇控制孩子，通常是誤以為控制之外唯一的選項只有縱容。事實上，這兩個極端之間還有許多可能的做法，稍後我們會詳加討論。

在孩子哭鬧、撒嬌、發脾氣的時候妥協

滿足孩子的願望，看見他們快樂得整張小臉都亮了起來，是件很有趣的事；不有趣的則是看見孩子哭鬧、耍脾氣。許多家長在刻苦的環境裡成長，兒時無法獲得自己想要或需要的東西，因此發自內心想給孩子更好的生活。也有的家長只是受不了孩子在玩具店、超級市場裡發脾氣時，得在眾目睽睽下處理孩子的情緒問題，還得忍受群眾譴責的目光。不論原因為何，古靈精怪的孩子馬上就學會利用這個機制，只要父母妥協了一次，相同的情況保證一而再、再而三上演。

為孩子做了太多決定

不少父母會為孩子做決定，認為這樣可以保護孩子免於犯錯。然而，唯有在犯錯的時

候，孩子才有機會從中學習。有的父母很想直接告訴女兒：「不要浪費那麼多時間練習啦啦隊，結果只會讓妳失望。」但是，假設愛迪生研究燈泡失敗了四、五十次的時候，他媽媽就擔心失敗會傷害他的自尊，於是說服他放棄這個瘋狂的點子，那會發生什麼事呢？

我們常說，比起父母不斷嘮叨、耳提面命，還不如讓孩子交報告的時候拿一次F效果來得好。大多數父母聽了這個建議，都會覺得很震驚。有的父母直接幫孩子完成報告，其實這是對孩子最不好的做法。以上的說法，這不代表我們鼓吹讓孩子自生自滅。其實，父母可以用支持、鼓勵的態度，幫助孩子探索自身行為造成的後果，從中學習寶貴的教訓。

物質溺愛

溺愛的父母發自內心相信，孩子要是不穿名牌牛仔褲、明星球鞋，沒有天天吃到麥當勞，沒有最新潮的玩具，就活不下去。這類父母認為，在孩子房間裡擺一台最先進的電子產品，是一種「愛的表現」。

這些父母也最常煩惱，不知該如何叫孩子打掃房間（還有客廳、廁所、院子），或是不懂孩子為什麼每弄壞一個玩具就立刻吵著要買新的（沒錯，這些孩子常常弄壞玩具）。這種父母沒有搞清楚的是，孩子一旦在物質上受到溺愛，只會理所當然地認為自己在其他方面也該獲得同樣的寵愛。

不合理的期許

這類父母早在孩子出生前，就為他報名了最好的托兒所；他們為一歲大的孩子買電腦，兩歲的時候展開閱讀計畫，家裡到處貼滿了單字卡。他們送四歲的小孩去學高爾夫，因為高爾夫球場是未來談生意的好地方。孩子開始上學之後，這些父母想盡辦法讓孩子擠進資優班。他們耗費龐大的心力與孩子爭執課業問題，他們認為孩子要是成績不好，就會淪為人生的失敗者，而無數相關研究已經證實這是錯誤的想法（稍後會進一步討論這個問題）。這類父母常搞到孩子有憂鬱傾向，因為孩子認為父母的愛是有條件的，不允許他們自由成長。這樣的孩子必須經過長時間的治療、諮商，才能慢慢走出傷痛。在不合理期待中長大的孩子，有的一輩子拚命達成父母的期望，有的則是選擇放棄、反抗，頹廢度日。

沒有要求孩子對家庭做出貢獻

童年應該充滿快樂時光和神奇魔法，不是嗎？而且，反正孩子永遠不會用正確的方法做家事，也解決不了問題，家長們也覺得自己動手比較快，還不必想盡辦法逼孩子做家事呢。有這種觀念的父母，會把自己弄得精疲力盡，心中滿是埋怨。這些爸媽要是知道他們的孩子有多氣餒，一定很驚訝吧！當然，命令孩子做不想做的事，孩子一定會反彈。不過，如果父母讓孩子一起解決問題，便能大幅提升孩子配合的意願，孩子也可以從中學習重要的生活技能。參與感能帶來歸屬感、親密感、自信心，以及更積極的合作意願。（稍後我們會再詳談這一點。）

為了提升孩子的自尊而過度誇獎

不管孩子做了什麼，這類父母總會說「好厲害！」「你好棒！」他們把「一百種讚美孩子的方法」小卡貼在冰箱上最顯眼的地方，因為大家都說讚美可以為孩子建立自尊心。孩子所有的作品都拿去裱框，家裡的牆壁掛得密密麻麻都快沒有空間了。但這樣的父母們不知道，過度讚美只會使得孩子失去自我、盲目追求他人的讚美；過度讚美無法教養出自信、有創意的年輕人。

怪獸家長

如果別的小朋友對自家孩子不友善，這類父母會把他們趕回家。這些家長會告訴隔壁的史先生，他家的玻璃窗本來就有裂痕，孩子打出去的那顆球沒有碰到窗戶。他們向校方堅持，是數學老師教得不好，孩子才會被當。一看見這些父母，不分大人小孩總是紛紛走避。怪獸家長教出來的孩子，認為自己不必為任何事情負責。

讓孩子當家裡的霸王

這類父母總是以孩子的需求為優先。他們常常訂披薩，因為孩子老是想吃；他們每年都去迪士尼樂園，因為孩子想去；爸媽從來不會在週末同時外出，因為孩子會想念他們、會哭鬧。這些父母的日子過得毛躁而辛苦，不過他們的孩子倒是很開心。這不是最重要的嗎？可是，最後爸媽發現，孩子好像也不是真的開心，這時他們才終於警醒。**孩子不會因為父母的犧牲而學會感恩**，反而不斷撒嬌要求更多；一旦事情不如願，這些孩子便會大發脾氣。

長時間工作，換取富裕的物質生活

凡是為人父母，都希望自己的孩子能住在良好的環境，念優秀的學校，過快樂的生活。事實上，父母外出工作並不會影響小孩的發展；飽受爭議的婚姻與家庭諮商師蘿拉博士（Dr. Laura Schlessinger）大肆宣揚媽媽出外工作對孩子造成的傷害，但這個說法並沒有任何根據。不過，有的家長選擇將所有時間、所有心力投注於工作，全力改善孩子的物質生活，卻困惑地發現他們沒有時間與家人相處，無法滿足家庭成員的期待。這些家長投資了大把的時間在「打造未來」，沒時間與孩子和配偶相處又使他們內疚，因此更容易溺愛孩子以彌補自己的罪惡感，形成惡性循環。長期下來，這種生活對家裡的每一個人都沒有好處。

片面決定孩子該成為什麼樣的人

這類的父母總愛大肆炫耀子女在學業、競賽上的成就，搞得同事和鄰居不堪其擾；或是堅持兒子未來要成為鋼琴家，但鄉親父老全都知道，他們家的兒子把所有時間都拿來鑽研汽車引擎。爸媽真的最懂自己的孩子嗎？還是想把牽牛花種成一叢玫瑰呢？這些父母所愛的，到底是自己的孩子，還是他們投射在孩子身上的理想？

爭搶孩子的監護權

沒錯，真心愛孩子的家長應該擁有孩子的監護權。但是萬一深愛孩子的好家長不只一個呢？**有的父母為了爭奪監護權，一戰就是好幾年，孩子只能在雙親之間顫巍巍地走鋼索。**這些父母從來沒有多花時間「走進孩子的世界」，真正理解他們為了「愛孩子」，對孩子造成了什麼樣的傷害。[1]有時候對這些孩子而言，根本沒有「從此幸福快樂」的圓滿結局。

允許孩子永遠待在舒適的老巢

孩子滿了十八歲之後，父母還是會愛得太多嗎？現在好工作這麼難找，房租這麼貴，又怕他吃的不營養……美國的統計數據顯示，二十五歲以上仍然住在父母家裡的「大孩子」人數，創下了歷史新高（通常是因為孩子無法獨力負擔從小習慣的生活型態）。就因為這些父母很愛自己的孩子——看來他們還要一起生活一段時間！

†

如果你符合上述任何一項行為（大多數的父母都符合了不只一種），那就代表多少也有愛太多的傾向。現在你應該已經理解，為什麼我們會認為愛得太多只是一種人性，也是教養過程中的一部分。不過，你應該也注意到了，這種做法長期來看對孩子沒有任何好處。簡而言之，這就是我們對**「愛太多」的定義：父母以愛為名做出某些行為，但這些行為對孩子並沒有好處**。

好消息是，愛太多是人之常情；更棒的是，你可以改善自己的教養方式，為孩子做好準備，在現今的世界裡獲致成功——我們對成功的定義是「成為社會中快樂、有貢獻的一員」。孩子的快樂來自父母無條件的愛，同時他們也學到了必備的生活技能，為勇氣與自信打下基礎，養成能力，實現自己的夢想（而不是爸媽的夢想）。這些孩子能對社會做出貢獻，因為他們瞭解奉獻與互助在家庭、校園、社群之中的重要性。

改變，有可能嗎？

如果你不追求完美，那麼一定可以學習用對孩子「更有益」的方式愛他們，為親子雙方贏得更好的結果。不過，這不代表我們可以做到完美。一開始造成我們愛得太多的原因（人的情感是一大要因），之後仍然可能一次又一次使父母落入愛太多的陷阱。

假如愛得太多是人之常情，我們又很有可能再犯，那為什麼要讀這本書呢？因為父母有所自覺之後，才容易避開「愛太多」的陷阱，即使不小心掉進陷阱裡，問題意識也能幫助我們彌補愛太多造成的傷害。再強調一次，我們並不要求父母們追求完美零失誤；本書提倡的是問題意識，以及在犯錯之後加以改正的必要技能。**接納自己不完美的勇氣，是你送給自己和孩子最好的禮物**，這是精神科醫師、兒童心理學家魯道夫．德瑞克斯（Rudolf Dreikurs）的名言。孩子以你為榜樣，便會學到犯錯是人之常情，重要的是如何從錯誤中學習，並積極改過。充分瞭解自己現在的行為會對孩子造成什麼樣的長期影響，便能幫助你做出對孩子最有益的決定，儘管有時候在當下，你會覺得自己有一點點「無情」。

愛太多的原因1：父母的情感

你有沒有見過巢中孵蛋的母鳥呢？鳥媽媽耐心呵護巢裡的蛋，等到蛋孵化了，鳥媽媽便開始全心全力養育雛鳥。如果鳥媽媽受到情感影響，擔心可憐的孩子會「受苦」，所以沒有在適當的時間將幼鳥推出巢外（這是鳥類的本能），那會怎麼樣呢？這些幼鳥可能會像某些人類小孩一樣，漸漸不想離開舒適的巢。牠們沒有練習飛行，也沒有學會自己抓蟲吃，沒有成為獨立的成鳥，永遠沒有機會鍛鍊出強壯的翅膀，沒有求生技能——就像某些人類孩子一樣。他們何必活得那麼辛苦呢？畢竟他們衣食無缺，坐擁小小心靈渴望的所有東西——廣告裡的明星商品，朋友們熱切討論的東西，他們全都有了。

父母若是充分瞭解自己現在的行為會對孩子帶來什麼樣的長期影響，便能做出對孩子最有益的決定——儘管在當下，你會覺得自己對孩子有點「無情」。

當情感取代了常識

要瞭解父母為什麼會愛得太多，情感是一個重要關鍵。許多孩子之所以沒有成為獨立的大人，是因為父母盲從於自己的情感，沒有依照常識行事。慈愛的父母想要保護孩子免於情緒上的痛苦（孩子可能真心相信自己很痛苦，因為得不到最新的玩具或專輯）。父母若是出手將孩子從這份苦難中拯救出來，等於是剝奪了孩子的學習機會，這樣孩子永遠沒有機會知道自己能夠處理失望的情緒，也不知道他們能夠辛勤工作（這是真正的苦），換得自己想要的東西。

你也許覺得這番話有點道理。那麼，既然知道受苦能鍛鍊出堅強的心志、良好的品格、做事的技巧，為什麼放手讓孩子受苦卻如此困難呢？因為我們愛孩子，愛得太多了。

教出軟弱的孩子

你有沒有聽過小男孩看著蝴蝶破蛹而出的故事呢？小男孩覺得蝴蝶掙扎著擠出蛹殼的

> 父母若是出手將孩子從所謂的「痛苦」中拯救出來，等於是使得孩子永遠沒有機會知道自己能夠處理失望的情緒。

模樣很可憐，於是決定要幫蝴蝶把蛹破開。結果，蝴蝶只拍了幾下翅膀，便掉到地上死了，因為牠的肌肉力量不足，無法持續飛行——必須經過破出蛹殼的掙扎，蝴蝶才能發展出足以飛行的力量。在掙扎中學習、成長，是許多動物生命中的必經之路，這是有原因的。對人來說，**掙扎也是生命中的必經之道**。

我們是不是也常常扮演那個小男孩的角色，出手拯救自己的孩子免於受苦？明知道孩子唯**有經歷過這些掙扎，才能鍛鍊出更堅強的心靈，往後才有本錢挺過生命中更深刻的痛苦**，我們為什麼還是決定要伸出援手呢？往後幾個章節將會深入回答這些問題，不過我們現在可以先給你一個簡單的答案：因為就連最疼愛孩子的父母，都不太清楚自己的行為會造成什麼樣的長期影響。

對於長期影響的認知（與缺乏認知）

如果小男孩知道自己的行為對蝴蝶造成的傷害，也許就不會盲從於自己對蝴蝶的情感，出手幫助牠了。**許多行為都是由於缺乏認知所造成——這是解開父母「愛太多」的一個關鍵**。我們從來沒有見過哪一個父母，在充分理解拯救、過度保護、過度控制等「出自於愛」的行為對孩子的傷害其實大於利益之後，還會依然故我。

「愛太多」的父母純粹是出於一片好心，但爸媽也許沒有意識到，愛無法帶來他們想要的成果。孩子在父母的解救之下，就無法趁著這次機會學習肯定自己的價值（而不是只在被溺愛的時候才感覺到愛），也沒有機會肯定別人（而不是只愛那些願意溺愛自己的人）。有太多父母沒有意識到，我們過度保護、過度解救孩子、保護孩子免於面對困境和受傷的情緒，這樣等於是在告訴孩子，他們的處事能力、抗壓性不足以獨力解決問題。如果父母採取過度控制的管教策略，孩子很可能漸漸認為自己無法獨力完成任何事，或是認為只有反抗父母才能贏得自我認同以及個人權力。

矯枉過正

一般人都以為只有溺愛和過度保護才算是「愛太多」的症狀。然而，有的父母以愛為名進行高壓控制，此時卻忽略了一個事實：這樣造成孩子誤以為只有在討好別人、滿足他人期待的時候，自己才有存在價值。如各位所見，「愛太多」有許多不同的行為表現，有時候父母混用各種表現方式，一會兒溺愛孩子，一會兒又過度控制。再加上物質主義猖獗，

有太多父母沒有意識到，我們過度保護、拯救孩子，等於是在告訴孩子：他們的處事能力和抗壓性不夠，無法獨力解決問題。

我們的孩子要發展出良好品格，更是難上加難。

愛太多的原因 2：物質主義

一種新的疾病正在現代社會裡肆虐，它叫做「富裕病」。富足的經濟狀況，加劇了父母以錯誤方式愛孩子的傾向。前面幾個世代的父母都沒有能力提供孩子太多物質享受。有一位媽媽告訴我們，她讀《草原上的小木屋》（Little House on the Prairie）給小孩聽，讀到聖誕節那一章，孩子不敢置信地抬頭看著她：「他們聖誕節只收到一顆橘子？」小男孩繼續質疑：「而且還覺得很開心？」

富裕病同時也使得孩子總是向父母要求「更多、更好、更特別」的東西。你不妨數數看，孩子一天中向你提出了多少物質上的要求？孩子一天中用豐厚的零用錢滿足了多少物質要求？許多父母向我們抱怨孩子不知感恩，孩子們過節時拆完一大堆的禮物，卻不滿地抱怨：「只有這些嗎？」這些父母不知道，正是自家的教養方針，造成了孩子這些行為。

有些父母隱約覺得，提供過度的物質享受，這樣不是健康的教養方式，因此就算他們有能力滿足孩子的要求，仍試著告訴孩子「我們買不起」。孩子知道爸媽的話不是事實，還把這句話當成啟動「要脅爸媽計畫」的暗號，於是孩子開始乞求、拜託、哀號、賭氣、尖叫、討價還價，無所不用其極。終於，爸媽妥協了。爸媽不知道，他們其實可以告訴孩子：「我確實買得起這些東西，因為我辛苦工作，有了穩定的經濟來源，而且還在工作中培養了能力和品格。我這麼愛你，不能剝奪你長大成熟的機會。」從這個例子也可以看出，只要父母選擇用愛幫助孩子培養能力，而不是溺愛出軟弱的孩子，那麼「愛」就絕不是問題。

你有沒有注意到，孩子其實知道你說一句話的時候，是不是認真的？如果你斬釘截鐵（溫和且堅定）地告訴孩子你的方針，而且貫徹始終，毫不妥協，孩子就會停止「要脅爸媽計畫」。你可以表現出一點同理心，同時告訴孩子，你相信他有能力處理失望的情緒，這就是「溫和」的態度：「我知道你現在覺得很挫折、很生氣。我相信你可以處理這些情緒，想出更好的解決辦法。」說到做到、言出必行，則是「堅定」的態度。

愛太多的原因3：佔有

有些父母將孩子視為自己的所有物，外人實在很難判斷他們究竟是真的不知道這樣會對孩子造成不好的影響，或者只是自私自利。父母的佔有欲是「愛太多」的典型例子——以愛為名，卻對孩子造成傷害。

電影《生母養母的戰爭》（Losing Isaiah）就是父母以愛為名，卻傷害了孩子的一例。襁褓中的小嬰兒以賽亞，被患有嚴重毒癮的生母丟棄在垃圾堆裡。小以賽亞獲救之後，由一個溫暖的家庭收養。幾年後生母戒掉了毒癮，決定索回她的孩子，因為「我才是他的媽媽」（這時以賽亞四歲）。真正愛孩子的父母，應該會更仔細思考該怎麼做對孩子最好。這位生母最後還是考慮了孩子的感受，但卻是在造成孩子巨大的痛苦之後，才決定改變做法。（雖然我們認為父母不應該主動為孩子解決生命中的難題，但並不代表父母可以理直氣壯在孩子心中留下創傷。）

生母打贏了官司，獲得了「她的」孩子的監護權。小男孩從養母懷中被搶走的一幕令人心酸。以賽亞不斷尖叫、啜泣，直到哭累了才睡著。他陷入了長達數月的憂鬱期，偶爾還會出現破壞衝動，生母才終於發現，她沒有為孩子做出最好的決定。最後，她太愛孩子了——這次是健康的愛——因此決定不再強迫孩子過痛苦的生活，將以賽亞送回養母家。小男孩奔向養母的懷抱，他臉上純粹的喜悅幾乎彌補了孩子被抱走那一幕觀眾心碎的情緒。接著，養父母展現了健康的愛：他們同意讓生母定期來探視孩子，他們知道孩子能夠愛的大人絕對不只一個。

看過這部電影的讀者就知道，我們還沒告訴各位，以賽亞是黑皮膚的孩子，而養父母都是白人。我們認為這是政治議題，而我們深切希望種族與愛無關，對孩子最好的決定也不會受血統左右。除非我們的世界有所改變，否則不論是在白人家庭成長的非裔美籍孩子，還是在非裔家庭成長的白人孩子，都不免遇到矛盾和掙扎。不過，只要有家人溫暖的愛和支持，孩子就能在過程中培養出堅毅的品格。

《生母養母的戰爭》的例子確實比較極端，超出了一般父母會遇到的情況。畢竟那只是好萊塢的電影。然而，這也顯示出父母在極端的情況下，可能會對孩子做出什麼樣「出自於愛」的行為。每一所家事法院裡都有類似的案例，也許戲劇化的程度不如電影，但雙親間的爭執一樣激烈：離婚的雙親都愛孩子，卻傷透孩子的心。

以共享取代傷害

許多家長並不瞭解，其實對孩子來說，比起在大人之間進行抉擇，同時愛很多個大人（父母、養父母、祖父母……）實在簡單太多了。離婚的父母有時深陷於自己的情緒當中，把孩子的監護權當作報復前配偶的工具。有些父母不知道自己的行為會對孩子造成什麼影響，也有些父母只是單純的自私。這樣的家長也會宣稱自己是因為「愛孩子」，才想要孩子的監護權。

愛太多的父母堅稱他們「為孩子好」，卻沒發現這些做法造成了反效果。除非有安全疑慮，或是有虐待、疏於照顧的情事發生，否則對孩子來說，最好的是與父母雙方都保持接觸。之後幾章我們也會提到，家長對於離婚、爭奪監護權、單親家庭的罪惡感，經常導致家長「愛得太多」，而出現溺愛、放縱的情況。不論家庭型態為何，「愛太多」都是我們難以逃脫的陷阱。

立意良好的平凡父母，也有各式各樣愛太多的可能。在這一章裡，我們概略提到了「愛太多」究竟是什麼意思。之後的章節會進一步探討：為什麼愛太多會傷害孩子？為什麼我們會這麼做？有什麼替代方式？愛也可以促使父母做出對孩子有益的決定——儘管某些做法在當下看起來並不慈愛。就像我們曾經說過的，**愛太多不是問題所在，用錯方法才是問題癥結**。所有父母都可以學著告訴孩子：「我太愛你了，所以我不會在第一時間為你解決問題，這樣你才有機會知道自己有多能幹。」父母確實可以用愛教出健康、聰明、有能力的孩子。本書會告訴你該怎麼做。

1 更多相關討論，請參閱克里斯・克萊恩（Kris Klein）、史蒂芬・皮尤（Stephen Pew）著，《為孩子好》（For the Sake of the Children，暫譯）。

第2章

愛太多，傷害也多

現代社會裡，孩子不僅需要穩穩地紮根，也需要一雙翅膀才能做好準備，迎向成功人生。顯而易見，在愛太多的父母保護之下，孩子沒有機會發展出安穩的根基，也長不出飛翔的翅膀。在這一章我們會告訴你（這也是整本書的主題），我們在行動時，「考量自己對孩子造成的長期影響」這件事有多麼重要——大部分的父母都疏忽了這一點。

「沒想太多」帶來的傷害

就連最慈愛、最周全的父母，都會做出情緒化的反應或是跟隨慣性行動（筆者也一樣，在這個過程中學到很多功課）。父母往往沒有深思這些行為對孩子的長期影響，尤其面對叛逆少年的時候，更是無暇多做考慮。最典型的例子是使用隔離法處罰孩子。父母隔離孩子時，常說出一些立意良好的空話，例如「你回房間去！想想看你剛剛做了什麼。」家長冷靜想想就知道，這種話實在荒謬。第一，孩子可能還在氣頭上，根本無心反省；再者，父母也不可能控制孩子的想法。

在當下，父母希望孩子這麼想：「謝謝爸媽給我這個機會反省自己的錯，從現在起我要當個乖孩子。」但是，孩子比較可能這麼想：「你看著吧，你可以逼我坐在這裡，但你無法改變我的想法，我才不會照著你的話去做。」

我們經常邀請父母思考，如果另一半、朋友、同事對他們說：「你去罰站！想想你剛剛做了什麼。」他們會做何反應？父母們通常大笑，回說他們的反應會是「你說什麼？！」或是「才不要！」但如果孩子這麼講話，父母一定會罵他們愛頂嘴。我們仔細想想，如果連你都不喜歡這樣，孩子怎麼可能會乖乖照辦呢？

另一種極端的父母，則是一心想保護孩子免於挫折和失望。如果孩子在店裡求爸媽買糖果或小車車，因為「其他小朋友都有」，這些父母總是會答應。他們希望孩子心裡想：「謝謝爸媽這麼愛我，從不讓我受苦，我會永遠感恩，我要當個最乖的小孩來報恩。」然而一段時間之後，這些爸媽卻不明白孩子為什麼老是不知感恩，反而更貪得無厭。父母仔細想想便會明白：孩子沒有機會練習，當然學不會生活技能，也不懂得獨力解決問題。

他們到底在想什麼？

有些父母的管教方式，令人不禁質疑，且納悶這些家長怎麼如此愚不可及。各地接連發生了可怕的校園槍擊案之後，許多民眾以及媒體紛紛指責兇手的家長：為人父母怎可能沒發現兒子在組裝炸彈、購買槍械？但話又說回來，真正與孩子有交流的家長又有幾人？我們之中又有多少人有足夠的知識和勇氣，與孩子的關係又夠緊密，足以用長遠的眼光教養孩子？

物質、溺愛造成的傷害

每到聖誕節，廣告總會出現「各界搶購最新潮的玩具，賣到斷貨」之類的訊息。難道，未來的每一次節慶，都會有另一個「一定要擁有」的玩具嗎？父母如何反應呢？他們想盡辦法，不讓自家的小寶貝感到匱乏。許多家長天還沒亮就到玩具店排隊購買限量玩具，要不就是付了十倍的價錢，向網拍和報上刊登廣告的黃牛購買。

事實上，一九九六年的電影《一路響叮噹》（Jingle All the Way）完美呈現了這種「花錢買下孩子的愛」的心態：阿諾·史瓦辛格飾演一位與家人關係疏離的工作狂老爸，為了拉近與孩子的距離，決心要為孩子買到今年最搶手的玩具。他與另一位全力以赴的郵差老爸展開了如火如荼的玩具爭奪戰，在典型的搞笑電影情節下，主角把自己變成了玩具，與孩子迎來圓滿結局。這樣一部為商業主義代言的電影，成功躋身賣座的節慶強檔（而且還是「家庭喜劇」），在在說明了現代社會對親子教養的看法，以及父母需要滿足哪些「條件」，才能獲得孩子的愛和尊敬。

傷害就是「長期的影響」

家長必須停下來仔細想想，自己的教養方式究竟會造成什麼長期影響。父母若是溺愛、滿足孩子所有的需求，孩子會從中學到什麼觀念？以下是幾種可能：

1. 不管我想要什麼，都應該現在、馬上擁有。
2. 讓物質左右我的生活也沒什麼不好。
3. 不必判斷廣告行銷訊息，跟著做就對了。
4. 我無法處理生命中的失落和沮喪，而且爸媽會確保我永遠不用面對這些。

父母若是採取予取予求的態度，孩子也許不缺玩具，卻少了學習寶貴教訓的機會。反過來說，父母不溺愛孩子，孩子則會學到：

1. 我的所有感受都可以被接納，但行為卻不是這樣。我可以學著感受自己的情緒，評估這時該採取什麼行為才對。
2. 我可以「想要」某些東西，但不一定「需要」擁有。
3. 我能處理失望的情緒。也許我不喜歡這種感覺，但我可以撐過去。

4. 如果有個值得努力的目標，我可以參與擬定計畫，用自己的力量達成目標，例如：存下自己的零用錢、幫忙做雜事賺錢等等。
5. 爸媽會傾聽我的想法，但不會任我予取予求。
6. 爸媽對我有信心，相信我可以處理生活上的問題，把握生命中的機會。
7. 我擁有解決問題的能力。

健康的愛 vs. 過度放縱

父母可以用幾種健康的做法，幫助孩子學習到上述這些寶貴的課題。第一招是「反映式傾聽」。

反映式傾聽

反映式傾聽，就是聆聽孩子的感受，但不加以糾正。父母扮演的角色像一面鏡子，把孩子說的每一句話都反映回去，確認孩子的感受，直到孩子感到自己獲得了充分的理解。實施時，可以避免讓自己聽起來像鸚鵡似的。你可以把聆聽到的「感受」和「詞彙」，一併反映回去給孩子。

孩子：我想要買菲比小精靈。

家長（面帶微笑）：你一定很想要菲比小精靈哦。（你可能會很驚訝，孩子常常只需要這麼一句話就夠了，尤其年紀較小的孩子更是如此。隨著孩子年齡增長，對話的長度也會隨之增加。）

孩子：菲比好可愛喔。

家長：你真的很喜歡這個玩具哦。

孩子：其他小朋友都有菲比。

家長：你覺得每個小朋友都有菲比小精靈。

如果反映式傾聽還不夠，你可以試著問孩子「是什麼」、「該怎麼做」等。這種做法能夠加強孩子的思考力和解決問題的能力，孩子也會學到「我是有能力的人」。

> 把孩子說的每一句話都反映回去，確認孩子的感受，直到孩子感到自己獲得了充分的理解。

是什麼？為什麼？該怎麼做？

這三個問題是「啟發式提問」，除非你真心想知道孩子的想法，否則就不該問這些問題。切莫用這些疑問批判孩子，或是誘導孩子跟你產生一樣的想法。父母的態度和語調，決定了這一招是否有效。

孩子：我想要買菲比小精靈。

家長：你為什麼想要菲比小精靈呢？（小孩通常對大人提出的「為什麼」，抱持著猜疑的態度，除非他發現你真的對答案感興趣。）

孩子：因為很可愛，而且每個人都有。

家長：你怎麼知道呢？

孩子：我在電視上看到的，而且大家都在討論。

父母的態度和語調，決定了這些提問是否能達到效果。

家長：很多玩具都很可愛呀，你為什麼會覺得菲比很特別呢？
孩子：（停了一下，仔細思考後回答）可能是因為廣告，還有大家都說菲比很難買到。
家長：那個廣告的目的是什麼呢？
孩子：叫大家買東西。（父母曾經和孩子討論過這個話題。）
家長：做廣告的人可以「叫」別人做事嗎？他可以控制別人嗎？
孩子：他沒辦法控制我。

當然，世界上有多少個小孩，對話就有多少種不同的方向。在我們的經驗中，有個孩子的結論是：「去年很難買到艾摩搔癢娃娃，但現在就變成比較便宜了。我覺得我可以等到明年再買菲比小精靈。」

讓孩子動動腦，與你一起解決問題

另一個孩子的結論是：「他不能控制我去買東西，但我還是想要菲比小精靈。」於是爸爸引導孩子一起腦力激盪，一起思考該怎麼做才能買到菲比小精靈。父子兩人考慮過幾個可能性之後，孩子決定主動幫忙做雜事賺錢，還要說服二十三歲的姑姑陪他一起排隊。

想想看，有了這次的經驗，孩子對自己、對生活會產生什麼樣的理解？如果爸媽直接把玩具買給他，孩子又會學到什麼呢？

假如爸媽直接告訴孩子：「想要這個玩具的話，你要自己工作，自己賺錢買。」這樣是沒用的。必須讓孩子積極參與整個思考過程，主動選擇對自己最好的建議，腦力激盪才能發揮效果。

家長要明說：我願意做什麼，我不願意做什麼

「家長明說『我願意做什麼，我不願意做什麼』」是一個很重要的教養工具，可惜許多父母忘了該如何運用。有時候父母是因為太貴而買不起，有時候是不願買（雖然負擔得起），可是在此同時卻又感到愧疚不已。上述兩種父母，都犯了過度縱容孩子的錯誤。如果你認為購買菲比小精靈對孩子來說不是最好的決定，大可以用莊嚴、尊重的態度堅持你的立場——完全不需要覺得愧疚。（若能以親切而不帶歉意的態度與孩子聊聊，解釋你的決定，通常會很有幫助。）

「直接投降算了……」帶來的傷害

放縱會帶來長期的負面影響。「愛太多」對孩子的傷害之大，不言而喻。重點在於，

父母必須決定好自己願意做什麼事、不願意做什麼事，並以溫和、堅定、尊重的態度告訴孩子你的決定。如果孩子感到生氣、失望，父母可以運用反映式傾聽，肯定孩子的感受。這個過程當中，爸媽可能比孩子更辛苦！

對父母來說，直接答應買玩具簡單太多了（父母通常會以愛為名，遷就孩子）。然而，過度縱容是對孩子非常無情的行為。父母的放縱，等於是偷懶的行為，沒有為孩子創造機會，沒有幫助孩子學習不可或缺的生活技能並發展自信心。長期來看，這種教養方式會造成負面的影響，不僅對孩子不好，對於未來與孩子共同生活的人而言，更不是件好事。

許多父母承認，自己在物質上會放縱或溺愛孩子，有些父母甚至為了溺愛孩子而自己縮衣節食。但是，放縱、溺愛剝奪了孩子學習許多重要能力的機會，例如抗壓性、耐心、為他人著想、解決問題的能力，使孩子沒有機會去歷練失望、沮喪的情緒，也不曾靠自己的力量從失敗中站起來，導致最後沒有勇氣和自信心。反過來說，如果孩子犯一點小錯也遭到嚴懲或說教，如果孩子無法在不受大人干預、充滿鼓勵的環境之下摸索學習，一樣很

讓孩子參與整個思考過程，並主動選擇對他最好的建議，腦力激盪才能發揮效果。

容易發展出缺乏自信的性格。

一旦孩子每次犯錯都被處罰，或是由父母幫忙收拾善後，孩子會逐漸喪失由錯誤中學習的能力及意願，而且還會把與生俱來的豐沛活力和創造力用來對抗大人。如果父母總是保護孩子免於受苦，每當孩子做了錯誤的決定，總是跟在孩子後頭負責善後，或是狠狠責罰孩子一頓，那麼孩子怎麼會相信自己的能力？如果父母沒有以尊重的態度對待孩子，孩子該怎麼學會尊重自己和他人？（溺愛和懲罰都不是尊重的做法。）如果父母疲於奔命，只為了確保可憐的小寶貝一刻也不會感到無聊，那孩子又怎麼學得會自己在生活中找樂子（或是享受片刻寧靜）？愛太多的父母只是沒有想過這些問題，也不曾尋找答案。

避免傷害的對策1：事前先想好

在我們忙亂的世界裡，管教孩子帶有一種迫切性：好像孩子每一次不乖、捅出的每一個婁子，管教過程中的每一個問題，都必須馬上處理。孩子是挑戰父母的專家，總有辦法把父母氣得七竅生煙，但是在生氣和挫折的情緒下，父母沒辦法發揮出最好的表現。因此，父母往往是被動採取反應——採取當下立即見效的做法——而不是經過深思熟慮的行為。

父母在管教過程中常犯的重大錯誤之一，正是依從當下的衝動而採取反應，卻沒有仔細考慮這些行為長期下來會造成什麼影響。（溫馨提醒：在本書當中，你會常常看到這句話。）孩子心裡究竟在想什麼？他們有什麼感受？他們對自我、對父母、對生命產生了什麼樣的認知，又選擇了什麼樣的生活態度？這些想法、感受、認知，未來會導致什麼樣的行為？

避免傷害的對策 2：以身作則

父母希望孩子「反省」行為，考慮行為的後果，但父母自己往往沒有做到這件事。舉個例子，我們來看看兩種古今中外常見的管教方式：溺愛以及過度控制，分別會導致什麼樣的長期後果（這兩種管教方式都以「愛」為出發點）。長期下來，兩種管教方式各自會發展出幾種可能性，往後幾章將會更深入探討這些問題。不過，現在先來看看其中幾種結果吧。

溺愛造成的長期危害

1. 孩子被寵壞，認為自己「理所當然該過好日子」。

2. 孩子百般依賴，相信「愛就代表其他人要照顧我，我沒辦法照顧自己」。

3. 孩子對自己缺乏信心，覺得自己「沒有處事能力」。（孩子不曾自己解決問題，也不懂得從挫折中站起來，沒有機會培養正確的態度和能力，又怎麼可能對自己產生信心？）

過度控制造成的長期危害

1. 孩子養成叛逆的性格，認為想要保有個人權力，唯有和父母唱反調，或是表面上假裝妥協，在背地裡做想做的事。

2. 孩子心存報復，一心想轉嫁自己受到的傷害及挫折，卻往往做出傷害自己的行為（例如輟學，或其他自我毀滅的行為）。

3. 被動的孩子——為了別人的讚美而生，認為自己需要獲得他人認同，才有存在價值。

當然，上述只是一小部分的可能性。如果你已經知道溺愛和過度控制都是「愛太多」的症狀，卻還在納悶「這麼做有什麼傷害嗎？」那麼上述的「可能危害」也許能告訴你事情的嚴重性。事實擺在眼前，「愛太多」不論以什麼樣的形式表現，都沒辦法培養出父母真正希望孩子養成的特質。

我們常告訴家長，「如果某個方法『很有用』，那就要當心了。」**當下立即見效的方法，可能無法帶來理想的長期影響**。舉例來說，處罰孩子可以立刻停止孩子當下的行為，溺愛也會使得孩子在當下非常快樂；但是，這些管教方式對孩子會產生什麼長期影響？孩子會怎麼想、有什麼感受？最重要的是：孩子決定未來要怎麼做？

避免傷害的對策 3：留意孩子隨時都在做的決定

大多數的父母沒有發現孩子總是在做決定，而這些決定會影響孩子未來的行為。大腦成長與幼兒發展研究顯示，嬰幼兒雖然缺乏與人溝通的語彙，但他們會主動觀察周遭環境；孩子會觀察媽媽、爸爸、小嬰兒、小朋友的行為，評估在這個家裡必須怎麼做才能被愛、被肯定。成長過程中，孩子會繼續做出各種決定，累積起來便形成了人格特質和未來行為的基礎。

孩子不會意識到這件事，但他們仍然持續做出各式各樣的決定。這些形塑人生的決定，可以大致分為以下幾個類別：

• 我是＿＿＿＿（好孩子或壞孩子、有能力的人或沒能力的人、膽小鬼或充滿自信的人……等等）。

• 別人是＿＿＿＿（會幫忙或傷害、愛護的或拒絕的、鼓勵的或批判的……等等）。

• 這個世界是＿＿＿＿（充滿威脅的或友善的、安全的或恐怖的……等等）。

• 所以，我必須＿＿＿＿，才能生存下來或過得更好。（孩子開始思考該如何過得更好，代表他們正在逐漸發展為獨立自主的人。反之，孩子為了生存而下的決定，看在大人眼中往往是問題行為。）

我們來看看幼兒的決定當中，大家最耳熟能詳的例子吧。家裡有新來的小嬰兒出生，三歲大的姊姊通常會覺得自己失寵了。過去三年，她都是家裡的女王，獲得無限的愛與關注，而她也喜歡這樣。有一天，爸媽也沒有跟她商量，就突然帶了一個小嬰兒回家。小嬰兒很可愛，她也確實喜歡他（算是吧），特別是她可以幫忙抱小嬰兒或跟他玩的時候。但是轉眼間，她卻變得不那麼重要了，至少看起來是如此。人們到家裡作客，總是直接走過她身邊，跑到搖籃邊逗小嬰兒笑，還帶禮物給小嬰兒。最糟的是，爸媽都迷那個嬰兒迷得要死。他們老是圍著嬰兒轉；媽媽給他餵奶，爸爸哄他睡覺，聊天的時候三句話離不開小嬰兒。她嘟起嘴巴表達抗議，卻根本沒人注意到。顯然她必須想點辦法改善這個情況。

三歲孩子觀察媽媽投注在小嬰兒身上的時間和心力，於是心裡這麼相信：「媽媽比較愛小嬰兒，比較不愛我。」真相並不重要；孩子會以她眼中的真相以及判斷當成基礎，拿出相應的行為。幼童認為自己被小嬰兒取代的時候，會表現出嬰兒的行為，這是很典型的反應。我們這位三歲大的小姊姊突然不會自己上廁所了，突然開始要吃奶嘴了，而且堅持要用奶瓶喝牛奶。沒有給爸媽抱著搖一搖、陪她一陣子，她就「睡不著」。這些行為對她來說十分合理，而且是基於她潛意識的想法：「如果我表現得像小嬰兒，媽媽就會給我更多時間和關愛。」不過，對爸爸媽媽來說，這些行為看起來就像故意搞怪！

避免傷害的對策 4：瞭解孩子擁有自己的觀察和決定

世界上有多少個孩子，他們就會形成多少個想法，做出多少個決定。例如，孩子看見大人身材高大又能幹，可能會判斷：「我很矮，其他人都比我高；我永遠也沒辦法超越他們。」另一個孩子看見同一個大人，反而想：「現在我還小，但有一天我會長大，會做得比他們都還要好。」

關鍵在於，孩子是以父母對待他們的方式（以及生命中的其他經驗）為基礎做出決定的。研究顯示，孩子挑選同儕的時候（同儕在孩子成長過程中擁有非常可觀的影響力），是以既有的價值觀和觀念為基礎——也就是在家庭中，從父母身上觀察、學習到的價值觀。在同樣的處境之下，每個孩子確實會做出不同的決定；但在溺愛和控制之下，孩子的許多決定都會與前文的描述類似。

走進孩子的世界

為了幫助家長意識到孩子隨時都在做決定，我們常在工作坊中邀請家長扮演孩子的角色。扮演孩子的人輪流蹲在搭檔面前，搭檔則站在椅子上，扮演家長。接著，「家長」指著蹲在地上的「孩子」破口大罵、嚴詞批評。活動結束之後，我們邀請參與者分享他們扮演孩子角色時，心裡產生了什麼想法、感受，又做出了什麼樣的決定。

事實如何並不重要；孩子的行為會以自己眼中的事實以及判斷為基礎，拿出相應的行為。

有些人感到自卑，覺得自己永遠不可能達到父母的要求。有些人覺得大人很可笑，對大人喪失敬意，不想再理睬他們。也有人氣憤難當，開始在心裡策畫反叛、報復行動。有些人實在太害怕了，根本聽不進對方在講什麼。大多數家長經過這個活動，對自己的行為帶給孩子的長期影響，都有了新的一層體會，這是他們以前從未想過的問題。

經過深思熟慮的教養方式

大多數人在轉換職業或是開始從事新的娛樂、新的體育活動之前，都會盡可能蒐集資訊，接受充分的訓練，但是卻不情願接受親職教育。在第五章中，我們將討論親職教育的優點和隱藏陷阱。不過現在，我們想先強調父母思考的重要性：父母想達成什麼目標？希望孩子成為什麼樣的人？父母現在採取的教養方式，對於這些目標是助力還是阻力？

我們常常鼓勵父母相信自己內在的智慧。若你擁有充分的認知，知道你的每一個決定都會給孩子一次做決定的機會，而孩子自己的決定未必會讓他成為一個彬彬有禮、自我獨立、態度積極的年輕人，這時你對自己的智慧就會更有信心。

你希望孩子學到什麼？

你是否曾花過時間，想想孩子邁向成功必須習得哪些特質和技能呢？你希望孩子擁有什麼樣的特質？我們接觸過來自全國各地的父母，這些父母的種族背景、經濟狀況各異，但是針對這個問題，他們列出的特質都非常相似。例如：

邁向成功必要的人格特質和技能

解決問題的能力
感恩的心
對他人的同情
溝通技巧
同理、寬容的心
自信心
勇氣
幽默感
誠信

責任感
熱愛生活、熱愛學習
善良
越挫越勇的毅力
道德與心靈上的依歸
自律與自制力
尊重自己、尊重他人

閱讀上面這張清單的時候，請跟著想想看：你現在對孩子的教養方式會造成哪些長期影響？父母若是愛得「太多」，很難把這些重要特質教給孩子；反之，只要父母用健康的方式愛孩子，便能鼓勵孩子發展出這些性格和人格特質，引導孩子邁向幸福成功的人生。

有意識的「不負責」

要教導孩子學會負責，最好的辦法就是父母「有意識的不負責」。有時候父母耗費了大量的時間和心力去為孩子負責，替孩子調好鬧鐘，早上叫孩子起床，不斷催促換衣服、吃早餐、拿鞋子、收書包、帶便當……最後還是得開車送孩子到學校，因為小朋友錯過校車了。這套流程其實還不錯——對孩子來說。但孩子沒辦法學會自律和做事態度，而且常造成孩子對自己的能力感到灰心，父母也灰頭土臉，弄得自己脾氣不好，滿懷挫敗又滿腹哀怨。

愛太多會造成什麼傷害？愛太多的父母為孩子負責，孩子卻學不會為自己負責。換句話說，不健康的愛無法將孩子培養成負責任、有效率的大人，也不會教育出快樂、有貢獻的社會成員。這種做法對父母也不健康，因為爸媽也需要保有一點寧靜、理智和尊重。

驚天大祕密

除了「溺愛」和「控制」這兩種極端以外，中間還有許多有效的教養策略。我們並不提倡父母走向另一種極端——疏忽。許多父母認為，如果沒有寵愛孩子，也不加以處罰，那剩下的選項就是疏忽。疏於照顧孩子絕不是可以接受的教養方法，但我們要告訴你一個天大的祕密：除了這些極端以外，你還有很多選擇。

愛太多的父母為孩子負責，孩子卻學不會為自己負責。

愛太多的父母 VS. 健康愛的父母

愛太多的父母	健康愛的父母
將孩子視為所有物	將孩子當成上天的禮物
想把孩子形塑成理想中的模樣	養育孩子，讓孩子保有自己的樣貌
成為孩子懦弱的朋友（或是堅持父母無法成為孩子的朋友）	成為尊重、支持孩子的朋友
投降，要不就逼孩子投降	溫和而堅定的態度
控制	引導（當孩子的副駕駛，不會坐到孩子的駕駛座上）
要求孩子和自己都做到完美	教孩子從錯誤中學習
試著吵贏孩子	試著説服孩子
説教、處罰孩子（為了自己好）	與孩子一同解決問題
孩子是客體，只能被動接受	孩子是寶貴的資產
過度保護	適度的監督
迴避孩子的情緒（防止孩子產生情緒，或出手救援）	放手讓孩子感受，同理孩子的情緒
糾正	教導生活技能
大聲斥責，然後幫孩子解決問題	讓孩子累積經驗，探索行為產生的後果
認為孩子的行為是針對父母	幫助孩子從行為中學習
滿足自己的需求和願望	走進孩子的世界
擔心	信任
以孩子為中心	與孩子建立密切關係

我們常聽到父母訴苦：「我什麼方法都試過了。」然而，這些父母試過的「所有」方法，通常都是過度控制、懲罰、溺愛、疏忽這幾種極端教養方式。

父母可以同理孩子的情緒，不必出手救援。父母可以告訴孩子：「你一定很難過。你覺得怎麼做才能讓事情更好？」孩子從錯誤中學習的路上，父母可以給予支持，甚至幫助孩子探索自己的選擇所造成的後果，而不是把更多的後果加諸在孩子身上（事實上，這只是略加掩飾的處罰）。父母可以表達對孩子的信心，相信孩子一定有辦法解決問題，也可以和孩子「一起」腦力激盪，只要孩子願意和爸媽付出同等的心力即可。父母擁有的教養策略選項，其實很多。

家長偶爾會發現自己從一個極端擺盪到另一個極端：溺愛孩子，直到受不了孩子的脾氣為止，然後開始控制孩子，直到家長受不了自己的行為才罷休。稍後我們也會討論這個現象，同時也會學到如何尋找平衡點，用健康的方式愛孩子。

孩子從錯誤中學習的路上，父母可以給予支持，甚至幫助孩子探索自己的選擇所造成的後果。

那孩子的自尊心呢？

很多親子教養書對於自尊心的觀念都是錯誤的。根據這些教養書的說法，父母可以「建立」孩子的自尊心，而且應該小心不要傷害孩子的自尊。

帶有幾分真實的迷思，是最危險的東西。自尊心是一種不穩定的心理狀態，在我們心中來來去去。你是否也曾經注意到，有時你的「自尊心」特別高昂，對自己的能力特別有信心，但此時若突然遭到批評或犯了錯，自尊量表一下子就掉到零了。既然只要有一天諸事不順，就能傷害你的自尊，那麼自尊心就不可能是恆久不變的心理狀態！

因此，「父母可以建立孩子的自尊心」絕非合理的說法。愛太多的父母，往往太在乎孩子的自尊；而愛得健康的父母，則更在意孩子是否能發展出「走過生命低潮」的能力。

現在，你應該已經對於「愛太多」這件事有了概念，不過我們還沒有處理到父母的愧疚感（整個第六章都將討論愧疚感這個議題）。本書中收錄了許多例子，也提供許多建議，

> 愛得健康的父母，更在意孩子是否能發展出「走過生命低潮」的能力。

告訴父母們如何以健康的方式表現自己對孩子的愛。

你幫了孩子，還是傷了孩子？

「你幫了孩子，還是傷了孩子？」這就是我們希望父母多加思索的問題。你一定很愛你的孩子，十分關心孩子的未來發展，希望孩子成功，也關注他們可能面臨的問題。所以本書邀請你一起來思索一下你目前的教養方式：你為什麼會採取這種方法？這些教養方式又會帶來什麼樣的長期影響？我們說明了「愛太多」帶來的危險之後，也會舉出不少溫和、堅定的教養方法，讓你用健康的方式愛孩子——不只用心，同時也用內在的智慧去愛。

本書最重要的訊息，便是呼籲父母以長遠的眼光教養孩子。還記得先前你列出來的那張特質清單嗎？你希望孩子長大之後，培養出什麼樣的特質？親子教養的最終目標——以及最大的挑戰——就是該如何處理每一天生活中遇到的問題和危機，才能引導孩子培養出這些特質。父母必須持續思考：「我這麼做，會讓孩子產生什麼想法？」「孩子會學到什麼？對於自我、對於父母，對於『有效』的方法，會產生什麼認知？」「給孩子太多物質享受、過度控制、愛太多的教養方式，會產生什麼長期後果？」現代社會裡，父母要工作又要顧家，蠟燭兩頭燒，老是覺得時間和心力都不夠用，在這樣的狀況下還要費心去思考教養方針，確實不容易。但我們還是必須學習。

接下來的幾章，我們會進一步探討健康的愛是什麼模樣，以及如何用健康的方式愛孩子。你會學到如何引導孩子成為成功、有能力、快樂的大人，以及如何教養——亦即「教導」孩子——才能培養出你希望教給孩子的特質。書中也收錄了各種解決方案、好點子，以及隨時可以派上用場的具體技巧。

但是，整個過程中最重要的關鍵，是你樂意向內在探索的心。父母必須仔細、誠實地思考，教養過程中做出的決定以及觀念，在孩子身上造成了哪些影響。如果不健康的愛無法幫助你達成長期目標，那就必須積極改善。要教出獨立、自信、有愛心的孩子，得花費許多時間、精神和耐心。不過，我們一定做得到。保持開放的心胸，接納新的想法，信任你內在的智慧，然後看看有什麼新發現吧。

如果希望孩子長大後擁有某些特質，你現在就必須以能夠培養出這些特質的方式，處理日常生活中遇到的問題和危機。這是親子教養的最終目標。

第3章

愛太多的兩種極端：縱容與過度控制

父母很少承認自己的做法「極端」。你可能會問：「我只是在做自己分內的工作，只做對孩子最好的事情，怎麼可能會極端呢？」另一方面，你也可能承認：「我知道這種做法沒什麼效果，但我不知道還有什麼辦法。孩子做出了不當行為，我不能就這樣放過他。」

如同前文所述，考量自己當下的管教行為會造成什麼長期影響絕非易事，尤其孩子常常把父母惹毛，當他們做出拙劣（時而危險）的選擇，又使得父母焦急不已。你愛孩子，才會管教他們；但管教過程中也有許多常見的錯誤，是因為愛而犯下的。許多父母沒有發現自己的管教方式太過極端，其實是因為他們頻繁擺盪於兩個極端之間，所以感覺上好像達到了平衡。

第一章，我們舉出簡短的例子，說明「愛太多」的意思。第二章，我們舉例說明愛太多造成的傷害。在接下來的兩章當中，我們會深入探討父母在求好心切之下，常使用的兩種極端方法，也就是縱容與過度控制。

瑪莉亞是一位媽媽，她也和其他家長一樣，面臨兩難的困境：「我採取放任的態度，直到我受不了自己的孩子才改變做法，」她說，「接著我嚴格控制孩子，到最後我卻受不了我自己。我很愛他們，但用這兩種極端的方式管教孩子一點也不有趣，而我又不知道還有什麼辦法。」又是那句老話：**我不知道還有什麼辦法**。看來這句話點出了愛太多的父母們的窘境。

左右為難的窘境

幾乎每一位和我們聊過的家長，都不喜歡孩子想要立刻滿足欲望——「我現在就要！」——或大發脾氣、非得要爸媽讓步才罷休。人們若看見有些青少年只為了「好玩」就破壞別人財產，也是頻頻搖頭。很遺憾，我們都聽說過青少年（甚至是更小的孩子）砸壞信箱、蛋洗別人住家、砸碎聖誕燈飾等惡形惡狀。你一定也見過太多令人想敬而遠之的孩子，因為他們行為魯莽、貪得無厭，不會為別人設想又自私自利。你一定也曾聽人批評（或是自己也抱怨過），某些孩子變成小霸王，多令人難過。每個人都在談論這些孩子，談論教出這種孩子的社會多麼堪憂，但究竟是誰、是什麼現象要負責？孩子需要更好的教養，這已經算是眾所皆知的常識了。殊不知這正是混亂與問題的起點：究竟何謂教養？

教養不等於處罰

在社會上，大多數人將教養與處罰畫上等號，但事實並不然。有些父母認為，愛孩子最好的方式就是透過懲處「教導」孩子，畢竟他們不希望放任孩子撒野，更不希望孩子長成前幾段描述的那種野蠻生物。為了徹底剷除這些可能性，父母便開始嚴格控制孩子。

另一種父母則認為，愛孩子最好的方式，是不讓孩子因懲罰而受到羞辱。畢竟他們不希望孩子有樣學樣，用暴力解決問題，也不希望孩子濫用權力、控制別人。這些父母通常會變得過於放縱。當然，在兩個極端之間搖擺不定的父母也大有人在。

驚天大秘密之再強調一次

第二章透露了一個「天大的祕密」，我們還要在此強調一次：在兩個極端之間，確實存在其他的做法，那就是溫和且堅定的態度。在溫和且堅定的態度當中，沒有任何的控制、懲罰、縱容，但它可以達到真正的教養：教導孩子正確的行為，養成良好的判斷能力和負責任的態度，培養出正確的態度和觀念，在人生中充分發揮所長。

若想達到最佳教養效果，父母就不該採用任何極端的做法。孩子需要的教養，是教他

> 大多數人將「教養」與「處罰」畫上等號。

們學會自律，而不是倚賴外在壓力才能把事情做好。孩子需要的教養，能傳授他們重要的生活技能，例如尊重他人的溝通方式，以及解決問題的技巧。孩子需要的教養，是教他們將心比心，尊重別人，也尊重自己。簡言之，孩子需要的並非糾正當下行為的教養，而是善加考量長期影響的教養。後文我們會舉例說明許多有效的教養方式，不過首先，我們想讓你瞭解哪些是效果不佳的教養方式。

教養的負面示範 1：縱容

溺愛孩子就不是尊重的表現。阿德勒（Alfred Adler）是家庭治療領域的先驅，他認為孩子生命中可能出現三種潛在的問題：（1）殘疾，（2）溺愛，（3）忽視。阿德勒接著說，身體上的殘缺並不是問題根源，而是因為大多數殘疾的孩子都會遭到溺愛或忽視。

一位智者曾經說過，孩子從生長環境中學習。如果父母的行為暗示孩子「**你是家裡最重要的人，我們永遠不應該讓你不快樂**」，**孩子成人後很可能抱持相同想法，老是期待別人的關注和付出**。如果父母在家尊重彼此、互相照顧，孩子就能趁這個機會學習尊重自己，也尊重別人的需求和想法。孩子要長成健康的成年人，這顯然是不可或缺的一課。問題在於，對父母來說，愛太多反而可以獲得比較良好的「感覺」。至於設下規矩、拒絕孩子的要求、花時間照顧自己（和伴侶）……許多父母覺得這些行為太過自私，而且還得先花上大把的時間教孩子自己去一旁玩耍——所以父母乾脆選擇不這麼做。長期下來的影響實在令人不敢想像，任何一位和這些自我中心的人結過婚的人，都會這麼告訴你的。

教養的負面示範２：控制

另一些父母認為，嚴格監控孩子才是正確解答。這些父母奮力抵抗溺愛和縱容，於是落入了愛太多的另一種極端「控制」。這種教養策略建立在一個誤解之上：凡是關愛孩子的好父母，都應防止孩子犯錯，也應盡全力防止孩子犯下任何錯誤。他們認為，只要父母設下嚴格的規定，嚴加鞭策，便能將孩子形塑成該有的樣子。

†

縱容和控制是常見的兩種教養傾向，同時也是愛太多的兩種極端行為。為什麼「好父母」很愛孩子，卻選擇了如此極端的方法？美國女性雜誌《麥考爾雜誌》（McCall's）曾指出，過去五十年間在心理健康上的研究成果，並沒有幫助父母做出更明智的選擇，也沒有強化父母對自身能力的信心。該篇評論檢視了十大心理學雜誌，卻發現沒有一篇文章以「健康」一詞描述母子關係，這些文章總是指責母親太過投入，要不就是疏於照料孩子。事實上，不久前「專家」才將孩子的自閉症、精神分裂症等心理疾患歸咎於父母照顧不周（當時的專家大部分是男性，因此尤其將矛頭指向母親的疏失）──但現在我們都知道，這些疾病主要是遺傳因素導致。到最後，認真又憂心的父母們管教孩子，往往是為了避免犯錯，而不是為了教導、鼓勵孩子。沒有信心又困惑不已的家長最後發現，最簡單的方法是任由子女擺布，或是掌控孩子所有的觀念和行為。

健康的教養方式，是以尊重、鼓勵又有效果的方法教導孩子。兒童心理學家德瑞克斯指出，健康教養的祕密在於溫和又堅定的態度。溫和的態度表現出對孩子的尊重，而堅定則代表父母重視現在該完成的事。聽起來很合理，那為什麼執行起來卻如此困難呢？瑪莉亞（那位不知道還有什麼辦法的母親）告訴我們：「在氣頭上，我很難拿出溫和的態度。平心靜氣的時候，我又常常忘記態度要堅定。這兩件事感覺很難並行。」

這正是讓許多父母困擾不已的原因。有些父母沒有心思練習如何同時表現出溫和又堅定的態度，有些父母沒有接觸過能夠同時表現出這兩種態度的教養技巧，對於這種方法的實務運用也毫無概念。本書會深入討論有哪些方法可以實踐溫和而且堅定的態度。不過，我們先來看看深愛孩子的父母還會出現哪些常見（卻鮮少見效）的極端做法吧。

教養的負面示範3：出於愛的過度控制

父母對孩子的控制，可能出現在最難想像之處。我們來看看珍妮和女兒瑪麗的故事。瑪麗十五歲，態度叛逆又愛頂嘴，上課常遲到，對師長無禮，學業也很糟。值得嘉許的是，瑪麗本人也承認她在學校的表現不佳；她抱怨上課超無聊的，而且老師又不喜歡她。可是她用來批評媽媽的詞語，可就尖銳得多了。

珍妮懷疑瑪麗和朋友可能吸食大麻，她擔心女兒會惹上麻煩。瑪麗故意和她作對，不遵守使用電話和電視的規定，還時常羞辱她（母女倆常對彼此尖聲叫罵，瑪麗會罵媽媽是「該死的婊子」），種種行為都使珍妮憤怒不已。珍妮把所有裝有電視和電話的房間都上了鎖，連她自己的房間和浴室都不放過，但最後引爆兩人爭端的導火線，竟然是一顆平凡無奇的燈泡。瑪麗常常「忘記」隨手關燈，珍妮給她的「報應」是燈泡壞了不換，所以瑪

溫和的態度表現出對孩子的尊重，而堅定則代表父母重視現在該完成的事。

麗在家裡能待的幾個房間都沒有燈光。瑪麗的叛逆行為越發激烈，媽媽訂下的規矩再怎麼嚴格都無法矯治。

另一位爸爸高登，則是位飽受挫折的繼父，他和十歲的繼女雅曼達每晚都要吵架。有天晚上高登還追著女兒滿屋子跑，兩個人都氣得扯開嗓子大吼大叫。高登坦承自己個性固執，又嚴格管控孩子——他說，這是他拉丁裔的血統使然。父女倆為什麼爭執不下呢？為了淋浴規定。雅曼達不喜歡用淋浴的方式洗澡，高登覺得她泡澡浪費熱水和洗髮精，花太多時間。高登和太太一起到親職教育團體尋求協助，他在討論中透露，從孩子嬰幼兒時期到現在，他們用的是同一套「洗澡時間表」。女兒反抗，高登則堅持執行，他甚至坐在馬桶上，一邊說教一邊監督女兒洗澡，雅曼達則在淋浴間裡邊哭邊洗。隨著雅曼達進入青春期，高登意識到他不可能再依賴這個方法了。

到底該怪誰：父母還是孩子？

有趣的是，瑪麗和雅曼達這兩個孩子都符合「對立性反抗疾患」（oppositional defiant disorder）的診斷標準，這個「病症」在心理健康領域越來越常見，主要指的是孩子愛爭論、常發脾氣、刻意反抗或拒絕與大人合作，把自己的缺失怪到別人頭上，具有易怒、急躁、忿恨、報復的特質（美國精神醫學學會著，《精神疾病診斷與統計手冊》第四版，一九九四）。孩子魯莽、無禮、叛逆的行為確實不該縱容，但瑪麗和雅曼達的行為都是源自家長的過度控制。如果家長改採溫和、堅定的態度設立規定，徹底實踐，孩子的行為是否也會有所改變呢？

在親職教育團體的幫助之下，高登夫婦決定試試看不一樣的做法。他們認為孩子一週只要淋浴三次就可以接受，於是把三個孩子全都找來，一起開了個家庭會議，讓孩子們安排自己洗澡的時間表。雅曼達告訴父母，她比較喜歡泡澡，可以一邊聽聽音樂、看本好書。高登冷靜地同意她可以泡澡取代淋浴，只要別在家人趕時間的時候佔用浴室就沒問題，這態度簡直把雅曼達驚呆了。同時，高登也努力不再發號施令，而是問孩子願不願意幫忙合作，也仔細反思自己的行為看在孩子眼裡會有什麼感覺。改變需要時間，高登也坦承他犯了很多很多的錯。不過，家裡的怒吼和爭吵漸漸少了，全家人的相處情況也融洽許多。

至於珍妮和女兒瑪麗，則是一起去找治療師，接受了一陣子的諮商。珍妮最後承認，她確實訂下了不合理的規矩，自己的情緒也有失控之處，因此引發了瑪麗一部分的叛逆行為。但是她仍然無法放棄掌控一切的需求，所以較量大小聲的戲碼還是在家中不斷上演。六個月之後，珍妮告訴女兒，這個家不歡迎她了。瑪麗現在和爺爺一起住，接受藥癮戒治門診的治療，已經好幾個月沒跟媽媽說過話了。

高登和珍妮都是愛子心切的父母，都是為了孩子的最大利益。事情怎麼會演變成這樣呢？事實是，過度控制的父母往往必須面對唱反調的叛逆孩子，因為在這種教養策略之下，孩子心目中保有個人權利和自尊的唯一方法，就是反抗嚴苛的父母。孩子們全力反抗，面對批評、嚴懲，甚至長達數週的禁足，也不屈不撓。父母改變教養方式，往往能連帶改變孩子的行為——這是行為療法和藥物治療鮮少達到的效果。

我都是為了你好

父母堅持控制孩子，通常是出於憂慮，擔心孩子若沒有服從父母的要求，自己身為家長的權威和立場便會遭到動搖。也有一些家長是為了防止孩子犯下他們年輕時的過錯，才選擇嚴格監管孩子。我們接下來要談到的這位媽媽史黛拉，就屬於這種，她也身陷於「害怕孩子犯錯」的陷阱當中。

史黛拉青少年的時候非常叛逆，學業糟透了，身染毒癮，又與多人發生性行為，懷孕後墮胎。現在的史黛拉是一位成功的證券經紀人，也是獨力撫養孩子的單親媽媽，在環境單純的住宅區為自己和十四歲的女兒簡妮經營一個溫暖的家。然而，她一直害怕簡妮會重蹈她的覆轍，所以她嚴格監控女兒的行為，預防憾事發生。

簡妮在學校非常優秀，但媽媽卻總是緊迫盯人，史黛拉不相信女兒可以自動自發管好自己的學業狀況。所以，簡妮以青少年常用的老招數回應：非得要等到媽媽嘮叨才開始做功課。兩人建立了固定的互動模式，跳起了「你不念我就不做事」的雙人舞。雙方都不滿現況，不過至少功課是做完了。也難怪史黛拉認為只要她不罵人簡妮就不會做功課。史黛拉決定把簡妮拖去諮商，與一位專精親職教育的治療師談談。

在諮商晤談中，治療師問簡妮，「妳對自己的好成績有什麼感覺呢？」

簡妮回答，「我喜歡拿高分。」

接著治療師問，「那媽媽念妳去做功課的時候，妳有什麼感覺？」

簡妮說：「我超討厭她嘮叨的。有時候我故意不做功課，只是為了激怒她，因為她惹我生氣，所以我也想惹她生氣。」

史黛拉插嘴，「但我不念妳，妳根本就不會動手做。妳每次都拖到最後一秒才開始做功課，然後隨隨便便撇兩下就想交差。」

> 父母改變管教方式，往往能連帶改變孩子的行為。

簡妮聳聳肩，看起來很不高興。

如果史黛拉停止嘮叨功課的事，情況會如何改變呢？我們猜測，簡妮的成績可能會暫時下滑。畢竟母女倆已經建立了既定的互動模式，任何改變對雙方來說都難免不太習慣。其實，儘管孩子對父母先前的做法抱怨連連，可是等到父母放手了，孩子往往會變本加厲，試圖刺激父母拿出熟悉的回應方式。（誰說人類的行為一定是理性的？）

不過，只要史黛拉開始相信簡妮，幫助她探究自身行為造成的後果，簡妮很可能會自動自發完成功課。簡妮也承認自己喜歡拿好成績。在此提供父母們一個技巧，聽起來也許不太合理，卻十分有效：**如果希望孩子學會負責，父母就必須「有意識的不負責」**。有意識的不負責，不是要你放棄孩子，而是指父母不替孩子負責，轉而教導孩子為自己負責。協助孩子探索自身行為造成的後果，就是其中一種做法。

親子一起探究後果，不是將後果強加於孩子

> 儘管孩子對父母先前的做法抱怨連連，但是在父母開始改變之後，孩子往往會變本加厲，試圖刺激父母拿出熟悉的回應方式。

「探索後果」和「把後果強加於孩子身上」，可是大不相同。強加後果可能是：「功課沒做完，就不准跟朋友講電話。」父母可以等待情緒緩和時，問一些問題幫助孩子思考，陪孩子一同探索：「你覺得成績變低的原因有哪些？這件事讓你產生了什麼感覺？你對自己有什麼目標？你有哪些解決問題的好辦法？」友善的語調是關鍵。語帶威脅，只會邀請孩子做出標準的回答：「不知道。」[1]（你是不是也常聽見這答案？）你是不是真心對孩子的想法感興趣，他們永遠都分辨得出來。

向史黛拉和簡妮解釋了這件事之後，治療師問她們願不願意改變原本的舞步，用以下幾個步驟創造新的互動模式：

1. 媽媽停止為了功課問題對簡妮碎碎念。
2. 簡妮要為自己的選擇負起責任，承擔所有後果。

有意識的不負責，指的是父母不幫孩子負責，轉而教導孩子為自己負責。

3. 媽媽會協助簡妮探究她的行為將會造成什麼結果——但前提是母女兩人都願意用友善、尊重的態度對話，而且一切都是為了幫助簡妮釐清她在生命中真正重視的事物，以及如何達成她的目標。

簡妮覺得這方法很棒，媽媽則心不甘情不願點了頭。簡妮感受到媽媽不太情願，便說：「如果妳沒有做到，我要告狀喔。」大家都笑了，治療師澄清：「要學習新的舞步，妳們可能都需要一些外在的協助。我很樂意幫忙。」

毒品和性

當然，功課問題還是簡單的。母女倆面臨的最大苦難，來自於媽媽對於毒品和性的擔憂。簡妮像大多數十四歲女孩一樣，對男生開始有興趣，這時媽媽怕了，她的恐懼加重了她對孩子的控制，也引發了簡妮更叛逆的行為。

處理這個問題之前，治療師要求先與史黛拉進行單獨諮商，她知道必須協助史黛拉釐清這份恐懼從何而來、她的擔憂又為什麼無法給母女兩人帶來正面的影響。

治療師在單獨諮商問的第一個問題是：「妳在青少年時代非常叛逆，但妳覺得自己現在的人生如何？」

史黛拉承認，「還不錯。」

治療師接著問，「過去的經歷對妳有什麼影響呢？」

史黛拉回答：「嗯，在很多方面都有影響。我最後對自己的行為覺得很反感，決於是定努力工作，證明我不是人生輸家。有幾個不錯的宗教團體幫助我，也給我帶來了很多啟發。其實，我在人生的每一個階段裡，都努力實踐了宗教裡關於愛、寬恕、不妄下定論的教誨——只有對自己的女兒，我沒有做到。我實在太害怕了。」史黛拉頓了頓。「好，我知道了。我必須信任簡妮，這是她自己的人生，她有權從自己的錯誤中學習。我一直想控制她，是因為我愛她，但我現在看得出來，這不是一種愛的表現——而且她恨死我了。這麼做對我們的關係絕對沒有好處。但是她竟然想把男生帶到房間裡！然後我的老毛病就又犯了。」

治療師：妳真的覺得她恨妳嗎？

史黛拉：不是。可是有時候我們母女倆都痛恨這種關係，所以我才來妳這裡尋求幫助。

治療師：那妳覺得她會在房間裡跟男生做什麼呢？她是想帶一個男生進房間，還是好幾個朋友？

史黛拉：我擔心她會跟男生上床，但她通常是帶一群男生回家，其實我倒不覺得她真的會在房間裡亂搞。

治療師：如果她想跟男生發生關係，妳覺得禁止她帶男生回房間，有辦法阻止她接觸性嗎？

史黛拉：我知道沒有辦法。我媽以前嚴禁男生進我房間，結果我還是跟男生上床了。但至少我沒有縱容這件事發生在我家，免得我變成疏於管教的母親。

治療師（面帶微笑）：所以妳比較擔心哪一件事：女兒接觸到性，還是妳自己變成疏於管教的媽媽？

史黛拉：兩件事我都擔心。

治療師：目前看起來，要防止簡妮發生性行為，同時避免疏於管教的方法，就是禁止她帶男生進房間？

史黛拉：這樣說起來，我也覺得我的做法很不好，但我不知道還有什麼辦法。

治療師：如果有其他方法可以幫妳達成目標，妳願不願意聽聽看呢？

史黛拉：當然好啊！

治療師：現在的問題在於，妳只看到兩種極端：控制和縱容。最好的做法介於這兩種極端之間。妳覺得是否有辦法在「不控制也不縱容」的前提之下，減低女兒接觸性的機會呢？試著回想看看，妳當初希望自己的媽媽怎麼做？

史黛拉（嘆氣）：我希望媽媽可以更信任我一點。當時我有很多叛逆行為，只是為了報復她的不信任。她的態度讓我很受傷，所以我才故意和她的期待唱反調。而且，我媽媽的批評很苛刻，常讓我覺得自己什麼也做不好。天哪，簡妮這禮拜才剛對我這麼說——她說她覺得自己怎麼做都不對。以前我痛恨媽媽這樣對我，現在我卻用同樣的方式對待簡妮，真不敢相信。我也知道，我以前的性經驗都是為了從他人身上尋求肯定。這麼做很愚蠢，畢竟誰需要這麼膚淺的肯定呢？天哪！

治療師：現在，妳對於自己和母親之間的關係有了新的認知，也更理解這段母女關係對妳有什麼影響。妳覺得媽媽愛妳嗎？

史黛拉：我知道她愛我，她只是不知道還能怎麼做。天哪，我現在對女兒做的，竟然是我最痛恨媽媽做的事情，怪不得簡妮有時候也表現得很恨我的樣子。

治療師：妳真的恨妳母親嗎？

史黛拉：不。其實我很愛她，而且我多希望她愛我——無條件地愛我（她說著紅了眼眶）。噢，我只想回家給簡妮一個擁抱，跟她說對不起。我只想給她無條件的愛，多希望她知道這一點。

治療師：現在，妳有了新的體會。不過我們該做的事還沒結束。如果只是給予簡妮無條件的愛，妳的另一個擔憂可能會成真——變成疏於管教孩子的媽媽。有時候，只有無條件的愛是不夠的，雖然它是親子關係很好的基石——但是孩子仍然需要大人的引導。妳還可以繼續嗎？

史黛拉：給我一點時間。我想好好感受一下我有多愛簡妮。先前我一直擔心、控制她，沒有好好體會過這種感覺。

治療師：我到隔壁房間泡杯茶，等妳準備好了，可以叫我一聲。

史黛拉坐在那兒哭了幾分鐘，但那是喜悅的淚水。現在，她感受到了自己對女兒所有的愛。這種感覺很美妙，她想好好感受這份愛。過了幾分鐘，史黛拉告訴治療師她已經準備好了，她想為自己也泡杯茶。

治療師：看到有人經歷這麼深刻的轉變，總是非常令人感動。下一個步驟會幫助妳緊抓住剛才領悟到的道理。我們先複習一下妳的兩個目標吧。其實我認為，妳想「避免成為放縱孩子的母親」這個目標，已經擴展到更高的層次了——也就是表現出無條件的愛。現在，我們來看看妳該怎麼做，才能正確的引導簡妮，降低她太早接觸性的機會。首先要說的是，她還是有可能發生性行為。如果她真的發生了性行為，甚至懷孕，這件事對妳們兩人會有什麼影響？

史黛拉（想了一會兒）：我們都會沒事的。我還是會無條件地愛她，也會和她一起撐過最難熬的時候。我會從旁協助，陪她一起探索用什麼方式處理這件事最好，我也信任她在這件事過後，還是可以過得很好。

治療師：哇，妳已經體會到了無條件的愛帶來的智慧。我們剛剛討論了最壞的情況，也知道這不是世界末日。現在，我們可以把重點放在教養技巧上，也許可以避免她太早接觸到性。

史黛拉：我必須承認，現在我沒有那麼擔心這件事了。真不敢相信，我竟然只顧著控制她，卻沒有教她運用自己的智慧。就算她真的選擇了那條路，我至少應該教她做好安全措施。從現在開始，我不希望她再把心思花在反抗我的控制上。我想要好好跟她對話，幫她找到生命裡真正重要的事物，探索自己的選擇會帶來什麼樣的結果。我希望她明白，不論發生什麼事，我都一樣愛她。我想給她忠告，同時清楚告訴她，她有權決定要不要採納我的建議。妳知道，我上過很多親職教育課，學過這些觀念，但我太害怕了，根本沒辦法實踐。恐懼讓我盲目，看不見真正重要的東西。

治療師：聽起來很棒，我相信妳也曾經受到某些觀念啟發，但是一旦要實際運用，面對「現實」世界的挑戰，又飽受挫折。我們不妨來做一點角色扮演，讓妳練習看看心中理想的「舞步」。我來當簡妮。

讓改變成真

治療師開始扮演簡妮：「媽，我不懂為什麼我不能帶男生到房間裡。」

史黛拉回答，「我也不確定為什麼耶，我可以問妳幾個問題嗎？」

治療師：以簡妮的角度來說，聽到這個回答，我非常困惑。我本來已經準備好要照老樣子爭執了。我心裡還是半信半疑。好，「什麼樣的問題？」

史黛拉：寶貝，我知道妳以為我們又要吵架了，但我已經不想再吵了。我希望妳知道，我會無條件愛著妳，不管發生什麼事都一樣。我想問妳問題，是為了瞭解妳重視哪些事情，而且說不定還可以幫助妳多瞭解自己一點點。可以嗎？

治療師／簡妮：我不知道該怎麼做。我很高興聽到妳說無條件愛我，但我不清楚我們的對話會往什麼方向發展。我還滿困惑的，好像走進了未知的世界。不過我會說，「好吧。」

史黛拉：我承認，我的目標有兩個。第一，我希望妳知道我愛妳，而且我也信任妳。第二，我不想當個縱容孩子的媽媽。我之前對妳太嚴格了，所以我不想要走上另一個極端。

我們都習慣了從前的模式，我嚴格控制，妳抱怨連連，那還不如試試看新的方法。我想當個慈愛又能給孩子支持的媽媽，不要再用控制或縱容的模式和妳相處。妳願意跟我一起建立彼此尊重的關係嗎？

治療師／簡妮：這麼好的事，會是真的嗎？還有點可怕呢。我發現，這樣一來我也要負起更多的責任。我還是有點不確定。「媽，不用對妳自己這麼嚴格啦。妳很好。」

史黛拉（大大露齒一笑）：意思是妳希望我繼續嚴格監控妳，然後我們繼續以前的爭執嗎？

治療師／簡妮（燦笑）：好吧，不要。

史黛拉：那我可以問問題了嗎？

治療師／簡妮：問吧。

史黛拉：妳覺得妳會在房間跟男生做什麼？

治療師／簡妮（語帶反感）：噢，媽，我又不會跟他們上床，如果妳是擔心這件事的話。

史黛拉：嗯，我的確有點擔心，聽妳這麼說我也安心了不少。現實是，我也知道妳們如果真的想上床，根本不需要用到妳房間。所以我想，真正的問題是，妳對性有什麼看法？

治療師／簡妮：天哪，媽，我還沒準備好要有性關係。放輕鬆好嗎，我們只是想找個自在的地方閒聊，不用擔心大人偷聽。我們也不是要講什麼不好的話，只是想要點隱私。這樣可以嗎？

史黛拉（以溫和的態度回應簡妮的自我防衛）：簡妮，妳也許很難想像，但我也曾經是妳這個年紀。我還記得，有一天我本來不想要有性關係，但下一秒它卻變成了一個誘人的好主意。老實說，真希望我媽曾經像這樣跟我聊這些問題。我不想侵犯妳的隱私，只是想瞭解妳這個人——想知道妳對事情有什麼想法。我也想告訴妳，如果有什麼疑惑，需要什麼建議，妳都可以來問我，而且妳也有權利決定要不要照著我的建議去做。妳知道，不管發生什麼事，我都一樣愛妳。

治療師／簡妮（語帶懷疑）：嗯。聽起來還是太好了，很不真實哪，我還有點不敢相信。

史黛拉：所以，我們已經好好談過了。我看得出來，妳還不太相信我真的會無條件愛妳。不然這樣好不好，只要我在家的時候，妳就可以帶男生回房間。我不在家的時候，我還是不願意讓妳在房子裡跟男生獨處，因為雖然我相信妳，但我不知道他們值不值得信任。總之，妳帶男生回來的時候，我會偶爾敲敲門，問妳能不能讓我進去。這樣妳們就能保有隱私，我也不會像個不管事的媽媽。這樣可以嗎？

治療師／簡妮：好啊。妳敲門可能會有點尷尬，但反正我們不會做不該做的事，所以沒什麼大不了的。

史黛拉：太好了。我希望常跟妳聊聊，只是想知道妳對事情有什麼看法。對了，簡妮，提醒妳一下：我不會再跟妳嘮叨功課的事了。如果妳沒有做完功課，那就是妳自己要去跟老師解釋的問題。妳需要幫忙的時候，我很樂意幫妳，但要記得提早跟我說。如果妳拖到最後一秒才拉警報，我就無法特別安排時間協助你。好嗎？

治療師／簡妮：好。（這是我求之不得的狀況，現在我該怎麼做呢？）

治療師微笑。「做得好，史黛拉。我也不可能做得比妳更好了。」

史黛拉放鬆下來，露出了微笑。「我會把後續的發展告訴妳的。」

這故事有個有趣的後續。簡妮對媽媽的改變又驚又喜。不過，她把男生找來家裡的第一天，他們就不小心撞掉媽媽牆上的一些裝飾品，簡妮花了好幾個小時才把東西擺呈原狀，

通常在親子停火之後，孩子就更能為自己思考，而不是一心想著如何反抗父母。

過程中自己也有點火。後來她告訴媽媽：「那以後我們還是待在房間裡就好了。」

通常親子之間停火後，孩子就更能為自己思考，而不是一心想著要如何反抗父母。這個故事說明了幾件事：

1. 出於擔憂的過度控制，會造成不理性的行為。
2. 以愛為名的控制，會扼殺真正的愛，引起親子間的爭執。
3. 控制帶來的結果，往往與父母的期望相反。父母希望孩子配合，控制會帶來叛逆。
4. 瞭解真正的問題所在，能吹散擔憂的迷霧，這時便能找回真正的愛。
5. 無條件的愛能激發智慧，這也包括了既溫和又堅定的教養態度。
6. 無條件的愛，加上溫和且堅定的引導，能夠邀請孩子點頭配合。

史黛拉管教女兒的新方法一點也不放縱，她並沒有放棄身為家長的職責，仍然盡到監督孩子、為孩子設立規矩的責任。她只是不再控制簡妮，開始建立一段彼此信任的親子關係，教孩子如何解決問題，如何做出合理的判斷——這是未來的許多年間，母女兩人將要一同走過的道路。許多家長控制孩子是出於憂慮，以為不再控制孩子，就只剩下縱容孩子一個選項，而這些父母無論如何都不想看到這種事情發生，因為他們知道，縱容也是一個不好的教養策略。下一章我們就要探討縱容的成因以及對孩子的影響。

1 我們選擇用「邀請（invite）」而不是「使得（make）」這個字，因為父母的行為無法「驅使、使得」孩子做任何事、說任何話。孩子會自己做出判斷，決定該如何回應你的行為。不過，某些行為確實會從不同的孩子身上「引發」或「誘發」出相同的回應。

第4章

什麼叫縱容

父母為什麼會縱容孩子？除了本章討論到的原因之外（例如希望孩子擁有快樂的童年），另一個原因就是，「順著孩子的意思」往往比較簡單。孩子吵吵吵，父母說不行不行。孩子繼續吵吵吵，父母繼續說不行不行不行。孩子再吵吵吵，這時父母只好妥協了。

不論在商店還是在賣場，上床睡覺前還是早上起床時，同樣的狀況再三重演。過度控制會誘發孩子凡事以「對抗」父母為出發點行動、思考，放縱則是邀請孩子以自私的方式「為自己」想、「為自己」行動。縱容的管教方式，會邀請孩子相信「我生來就該過好日子」，「愛就代表其他人必須滿足我所有的要求」。父母若是在孩子鬧脾氣之下妥協，等於是告訴孩子「不行」不代表真的不行，它真正的意思是「繼續鬧，鬧到我妥協為止」。

縱容和溺愛時常同時發生，父母之所以採用這種方法，是因為它立即見效。畢竟只要爸媽順著孩子的意思，大多數的孩子都會停止哭鬧。父母懲罰孩子，也是因為懲罰可以停止孩子的行為——至少在當下是如此。無論是哪一種情況，父母都欠缺對長期影響的考量——孩子這時做出了什麼樣的決定？這些管教方式，將會如何影響孩子未來的行為？

「我才不會那樣教小孩……」

父母們總認為，縱容是其他家長的行為。大部分父母只要看見其他家庭對孩子的縱容，幾乎都能明白這種做法沒有任何好處。有個電視節目有次追蹤一對帶著兩個小孩到大商場購物的夫妻，播出後引起了觀眾震驚。其中一個孩子看到想要的玩具，爸媽好聲好氣跟他解釋不能買玩具的原因。孩子開始鬧脾氣了，他把玩具從貨架上抓下來，直接放到購物籃裡。媽媽把玩具放回架上，維持堅定的態度，繼續和孩子講理。但隨著孩子的音量越來越大，媽媽的意志力也越來越薄弱。最後，她屈服了，為孩子買了那個玩具。

這對父母的妥協，引發了很多評論。有人說，「那孩子鬧脾氣的時候就該挨一頓打了。」也有人說，「父母竟然懦弱成這樣，讓孩子爬到頭上，真不敢相信。」或是：「我家小孩要是有這種惡劣的行徑，我才不會放過他。」

這對父母確實是「以愛為名」，採取了懦弱的處理方式（這對父母要是看見別人這樣教小孩，很可能也會嚇一大跳！旁觀者清，要批判別人很簡單，可是當事人必須面對當下強烈的情緒和挫折感）。父母的妥協，對孩子的發展確實不好。但是父母還能怎麼辦呢？難道只能揍他一頓，或是祭出其他形式的處罰嗎？當然不是。想想孩子在縱容和懲罰兩種管教方式之下，分別會做出什麼樣的決定，你就知道這兩種教養法都無法帶來有效的長期影響。

事情發生的當下，這些家長在想什麼？我們只能猜測。他們是否覺得「我受不了小孩鬧脾氣」？是否擔心旁人的觀感？或者他們只是不知道還有什麼方法，所以才選擇妥協？

上述想法也許都曾閃過他們的腦海，但最後一點可能是最主要的原因。我們前面也提過，很多愛孩子的家長，只是「教養工具箱」裡的工具太少，選來選去只有縱容和處罰兩種工具可用。這些父母很可能無法接受體罰孩子的管教方式，又以為處罰之外唯有縱容一途。

不過，我們有個好消息：還有許多有效的教養方法，只要父母**同時表現出溫和且堅定的態度**就能辦到。前面說過，溫和的態度表示對孩子的尊重，堅定的態度則表示父母對當下情況的重視。在前述買玩具的例子中，父母該如何表現出溫和且堅定的態度呢？以下是幾個可能的做法：

選項一：孩子要求買玩具的時候，爸媽只說一次「不行」即可，說完就閉上嘴，繼續完成該做的事。如果孩子鬧脾氣，父母其中一方可以保持溫和且堅定的態度，把孩子帶回車上，讓孩子私底下表達出自己的情緒（後文會討論到讓孩子表達情緒的重要性，但並不等於允許孩子胡鬧）。避免對話是很重要的（不管你說什麼，都會被孩子拿來當做反駁的

> 父母若是在孩子鬧脾氣之下妥協，等於是告訴孩子「不行」不代表真的不行。

材料），你可以只告訴孩子：「等你準備好了，我們再回到店裡。」

選項二：孩子要求要買玩具的時候，家長可以問：「你存夠零用錢了嗎？」孩子如果嘟起嘴說沒有，家長可以告訴孩子，「只要你存夠錢，就可以買了。」（有些父母也會幫孩子出一半的錢。大多數的孩子其實沒有那麼想要玩具，所以等不了那麼久，也不會認真存錢。）

選項三：父母事先和孩子說好，如果孩子表現不乖，他們就會馬上離開賣場（當然，爸媽也可以先在家庭會議上，詳細對孩子說明什麼樣的行為「不乖」，也可以陪孩子玩扮演遊戲，有助於從情境中學習）。父母可以示範良好的行為，以及孩子不乖的時候會發生什麼事。接下來，父母就只要說到做到，按著這套規矩行事就好。

孩子很快就能學會察言觀色。父母是不是說一套做一套，孩子一清二楚。前述故事裡的小朋友，顯然知道爸媽說的「不能買玩具」不是認真的。對孩子來說，爸媽就像吃角子老虎機：並不是每次都會中獎，但既然有中獎機會，那就值得多拉幾下拉桿試手氣。孩子要是知道你言出必行，沒多久就會停止胡鬧了。

試想一下電視播出的那個故事，以及我們提出的三個選項。父母妥協的時候，孩子學到了什麼，又做出了什麼決定？如果父母用前述的其他選項解決問題，孩子有了這次的經驗，又會學到什麼、做出什麼樣的決定？

最後又說到這一點了——仔細思索長期影響，在親子教養中是舉足輕重的關鍵。對長期影響缺乏認知，是造成父母「愛太多」的主因，但並不是唯一的因素。愛太多的父母是許多綜合因素造成的，有些因素深植於我們的文化當中，難以察覺。

破除縱容之1：忙盲茫

縱容孩子的案例當中，究竟有多少比例是由文化因素導致的？當父母允許孩子吃垃圾食物、買昂貴的設計師服飾、在電視前一坐就是數小時，這代表什麼意思？這不是單純的縱容。我們無意嚴詞批評，但外帶速食比下廚簡單多了（我們都經歷過那段時期）。閉上

對孩子來說，爸媽就像吃角子老虎機：並不是每次都會中獎，但既然有中獎機會，那就值得多拉幾下拉桿試試手氣。

眼睛跟隨大眾媒體灌輸給我們的流行觀念，也比動用常識判斷來得簡單多了（其實這年頭，常識也沒有那麼理所當然）。沒有人可以在未經許可的情況下灌輸我們任何觀念。讓電視幫忙帶小孩，也比自己弄得焦頭爛額輕鬆多了。是我們太懶惰了嗎？還是任由自己成了社會中的受害者？我們只是太忙了嗎？還是染上了盲目茫然的壞習慣？不論原因為何，這種教養方式對我們的孩子都沒有好處。

破除縱容之2：速食症候群

孩子吵著要吃麥當勞，父母放棄抵抗。這不只是單純的放縱，而是懶惰了。（得來速這麼方面，何苦親自下廚？）其實，父母只要想想速食的長期危害，馬上就會明白在家開伙比外帶速食好得多。

《今日美國報》（USA Today）曾刊載保健領域暢銷作家葛雷格・克里澤（Greg Critser）的文章，標題是《速食之害：家長縱容，孩子肥成小巨人》（Fast Food, Parents' Indulgence Conspire to Supersize Kids）。葛雷格解釋，速食餐廳把充滿脂肪和糖分的餐點賣給孩子；而且熱量一六六〇大卡的餐點，價格只比一三〇〇大卡的類似餐點貴了一點點。結果，美國有百分之十一至十五的兒童有癡肥問題，而另有高達百分之二十五的兒童可能面臨肥胖風險。

肥胖還不是唯一的問題。長期吃速食帶來的危害，不會在短短數年間表現出來。長期處理大量的糖分將逐漸傷害肝臟，可能要長達二十五年以上才會完全破壞肝功能。多達四成的正餐都依賴外食（或叫披薩外送）的長期影響，值得父母們三思；除了健康上的危害之外，也必須考慮大量外食會讓孩子養成什麼樣的觀念。

喬森夫妻決定給孩子一些不一樣的經驗。喬森家的所有成員（媽媽、爸爸、吉兒、傑夫、吉妮），每個禮拜都要負責煮一天的晚餐（家裡只有五個大廚，但一週有七天，所以爸媽各負責兩天）。每個人都要負責打掃、做家事，全家人每個禮拜會找一個小時一起大掃除。

漢娜今年十六歲，是喬森家的親戚。她來自外國，因故要到喬森家借住五個月。漢娜過來之前，喬森太太就先提醒她：「我們家有點不一樣，每個人都要負責家裡的工作。」媽媽想事先告知漢娜，她也會成為這個家的一員，自然也會分配到工作。

漢娜抵達之後，孩子們決定她應該先當一個禮拜的客人，只要先熟悉大家做事的方式、適應一下環境就好，不用負責任何工作。到了第二個禮拜，為了重新安排家事表，大家開了一次家庭會議，把漢娜也加進來。她有點緊張，因為她不會做飯，於是勉強挑了負責晚餐的日子。漢娜有一對「愛太多」的父母，從不要求她負責任何工作，她自然也從未對家庭做出貢獻。她不僅缺乏生活技能，對自己也沒有信心。不過，喬森太太不斷鼓勵漢娜，告訴她：「我相信妳做得到。」

漢娜不太開心，她在家從來不用煮飯，她覺得這家人要求很多。漢娜知道喬森家不會放過她之後，決定要煮義大利麵，看起來比較簡單。喬森太太站在一旁，教她使用爐子，指點她各種工具的位置。過程中，媽媽重新意識到烹飪其實不簡單，要安排烹調順序、讓每一道菜差不多時間上桌，需要稍微思考一下才辦得到；只是喬森家的孩子們已經獨自掌廚了這麼長一段時間，以致於她忘了這回事。漢娜從來沒有學過怎麼做菜，覺得很沒信心，所以喬森太太從旁協助，給她一段練習時間。

第三個禮拜又輪到漢娜做飯的時候，她要求喬森太太「陪她進廚房」——也就是繼續幫她的忙。喬森太太拒絕了，一方面是因為她有個企劃案需要忙，另一方面是因為相信漢娜可以獨力做好這件事（她比漢娜本人還有信心）。

漢娜來問喬森太太該怎麼用烤箱，也希望她指點一些訣竅。喬森太太（再一次）教她如何操作烤箱，回答了她的問題。食物差不多準備好的時候，喬森太太也到廚房幫忙，和漢娜一起協調各種菜色上桌的順序。從此以後，輪到漢娜煮飯的日子，喬森太太就不再進廚房了。

接下來的幾週，要決定菜單仍然十分困難。由於漢娜從來沒有烹飪經驗，對她來說，就連安排一頓營養均衡的晚餐都是一項挑戰。（縱容、溺愛孩子的父母總是不明白，孩子之所以沒有自信、缺乏技能，很大一部份是教養方針造成的。）不過，漢娜每天都和喬森一家人共進晚餐，很快就認識了主菜和副菜的各種變化。

過了七個禮拜，喬森太太發現，漢娜已經可以獨自決定菜單，煮出一頓營養均衡的晚餐了！漢娜對自己的成就非常滿意。她告訴喬森太太，回家之後，她也希望自己的家人可以一起分擔下廚的責任。她說，她們家煮飯全由媽媽負責，但媽媽不太喜歡下廚，所以常常只是把各種調理包搭配一下就上桌。漢娜說，「如果每個人都幫忙煮飯，情況會好很多，而且家人也可以吃得更好。」喬森太太聽了也很開心，因為她知道漢娜住在這裡有參與感，而且也樂於對這個家有所貢獻。

破除縱容之3：電視與電腦

電視、電腦問題，看來不只是單純的縱容而已。父母可能覺得讓孩子在房間裡有一台電視或電腦是造福他們，畢竟這麼一來，搶遙控器、決定誰可以看什麼節目的戰爭就可以平息了。但是，這些產品有成癮的可能性。有太多人坐在電視前不斷轉台，找不到值得看的節目，又無法關掉電視。如果坐在網路前打發時間變成一種習慣，對於人際關係、生活品質會有什麼影響呢？

缺乏連結

父母並未深入思考：讓孩子擁有自己的電視會帶來什麼長期影響。現代家庭最大的問題之一，是家人之間缺乏連結。父母有做不完的事要忙，常常忘了花點時間和孩子建立有意義的連結。很多父母都說他們把孩子擺在生命中的第一位，實際表現出來的行為卻恰恰相反。讓孩子擁有自己的電視，只會使得家人之間更加疏遠。若是沒有多加考慮這件事情的長期影響，買一台新的電視，讓孩子別再來打擾你，看起來確實簡單很多。

睡眠形式

許多父母沒有顧慮到電視對孩子睡眠品質的影響。位於美國羅德島州首府普羅威頓斯（Providence）的「孩之寶兒童醫院」（Hasbro Children's Hospital，附設於布朗大學）設有兒童睡眠障礙門診，該門診曾經進行一項研究，結果顯示孩子睡前看電視（尤其是刺激、暴力、易導致負面情緒的節目），會造成就寢時間和睡眠形式產生問題。

這個現象和縱容、溺愛有什麼關係呢？嗯，父母勒令孩子關電視，可是造成了無數的親子爭執（有多少父母曾經和三歲小孩搶電視遙控器？）。研究當中，有百分之七十六的父母讓孩子養成睡前看電視的習慣；有百分之十五點六的父母則說孩子會在電視前睡著。許多受訪的父母都以為電視與孩子的睡眠問題無關。該研究的作者表示，沒有必要完全禁止孩子看電視，但學者並不建議睡前養成看電視或影片的習慣，最好以聊天和閱讀取代。

其他研究則顯示，電視與兒童的憂鬱、肥胖、焦慮、暴力行為都有所關聯。美國兒科學會（American Academy of Pediatrics）的建議指出，兩歲以下的幼童完全不該看電視（別懷疑，你沒有看錯），因為電視會干擾幼童健康發展所需的人際互動。

不過，我們還是有其他選擇。**停止控制孩子，並不代表家長只能選擇縱容；同樣的道理，停止縱容也不表示家長必須嚴格控制孩子。孩子需要的，是合理的限制和品格教育。**

合理的限制與品格教育

正如前文討論到的，慈愛的父母送給孩子最好的禮物之一是「教養」——能讓孩子學

> 看電視不僅造成入睡困難，也會干擾夜間的睡眠品質。

會技能與態度的教養。訂定（並遵行）合理限制的能力，是愛的教養中不可或缺的一環。其實孩子自己也知道限制是必要的，青少年有時也會批評老師或家長失職，沒有提供正確的規範和教育。至於學齡前的幼童要如何教他們遵守紀律，可以利用「日常慣例」的方式，大多數孩子的接受度很好（例如睡前慣例、早晨慣例、放學後慣例……等）。在治療師和兒童發展專家眼中，孩子「不乖」是一種「試探界線」的行為，孩子用自己的方式在進行一場科學實驗，測試大人是否盡到了職責。

在文明社會中，對各種規範的認識以及遵行，是不可或缺的一部分，卻也讓愛太多的父母傷透了腦筋。縱容孩子的父母完全不設限，控制孩子的父母卻設下了太多限制。什麼才是「合理」的規範？不妨考量以下兩件事：

1. 隨時謹記每一條規範的長期影響和目標。為了增進親子雙方的生活品質，規範有其必要，但唯有在這些規定能教導孩子生活技能的前提之下，規範才會

設立限制的時候，保持尊重的態度，維護每個人的尊嚴，會比權威、控制的態度來得有效許多。

對孩子有益。例如自律、責任感、合作、社會情懷、解決問題的技巧，都是有益於孩子的重要技能。

2. 父母做一件事的「態度」，比「做什麼」更重要。設立規範的時候，保持尊重的態度，維護每個人的尊嚴，會比權威、控制的態度來得有效許多。表達出這種態度的關鍵，就是盡可能讓孩子一起訂定規矩。

在制訂規定（亦即限制）的時候，要考量到孩子的發展階段。孩子四歲之前，大人應該負責為孩子訂定規矩，為孩子畫好各種界線，例如吃飯和睡覺的時間，什麼東西可以碰、什麼不能碰，可以去哪些地方、不能去哪些地方。對這個年紀的孩子而言，執行規範最有效的方法就是規律的日常慣例、有限的選擇（「你要穿藍色睡衣還是黃色睡衣？」），用溫和且堅定的方式轉移孩子的注意力，學著傾聽孩子的聲音，用尊重的態度說「不」。等孩子漸漸長大，親子可以一起訂定規矩，讓孩子學會長遠的生活技能。家庭會議是

如果所有規範都合情合理，所有人都遵守規定，政府專注於解決問題的方法，而不是一味祭出新的懲戒手段，世界會是什麼模樣？

個絕佳的時機，孩子可以在會議中一起制定規範，父母也可以藉機和孩子討論：為什麼要訂出規矩？這些規矩有什麼作用？年紀小的幼童，則不妨從日常慣例開始慢慢建立規範。孩子對於自己訂下的規範、日常慣例等等，會更樂意遵守，也更有榮譽感。會議中決定好的日常慣例可以寫成一張表格（最好由年紀夠大的孩子來寫），如此一來，這張表格就會變成全家人的「指揮官」，一切以表格為準。孩子若沒有按照安排好的時間行事，這時父母就不必再說教或是責罵孩子，可以直接指著表格問：「慣例表上的下一件事是什麼呀？」「我們說好接下來要做什麼？來看看表格吧。」

為孩子設立規範，最重要的是貫徹執行。老人家常告誡我們，要說話算話、言出必行，這話有其道理。我們剛剛提過了一個執行方法——善用日常慣例表。另一種有效的執行方式，是以「一個詞彙」提醒孩子該做什麼：「玩具。外套。書。睡覺。尊重。」溫和且堅定地重複這個詞，讓孩子明白沒有討價還價的空間（請記得讓孩子一起制定規則和日常慣例表，這個方法才能發揮最佳效果。）

有時候，父母也必須「閉上嘴直接去作」，以溫和而堅定的態度，靜靜拉著孩子的手，引導孩子遠離不該做的事，或是帶孩子去做該做的事。與其思考「孩子應該做什麼」，有時候反過來，事先決定「你要怎麼做」會更有效率。例如，孩子不打架的時候，爸媽才會把車子開動；孩子把廚房收乾淨，爸媽才會下廚煮飯。不妨事先告知孩子，父母在特定情況下會採取什麼做法，接下來只要以溫和、堅定的態度，說到做到就好，不必再多費唇舌說教。

萬一某項規定沒有達到預期的成效，全家人可以在家庭會議中討論問題所在，讓孩子一起解決問題。只要允許孩子參與，把方法教給他們，每個孩子都能成為問題解決大師，用天馬行空的想像力和你一起想辦法。千萬不要把重點放在懲罰或教訓上，專注於問題的「解決方法」才會收到最大的效果。後文將會深入探討這個觀念。

至於孩子的品格教育，包含了道德觀念以及精神層面（詳見第九章）。各個家庭的價值觀不盡相同，不過很多研究顯示，豐富孩子的心靈（亦即感受到自己與更偉大的存在有所連結，也可以是宗教信仰）、教導正確的道德觀念，不僅是一種健康的愛，同時也是養成健康人格特質不可或缺的一環。設下合理的規範，提供品格教育，讓孩子一起解決問題，這些都是父母送給孩子最慈愛的禮物。

想像一下，如果所有規範都合情合理，所有人都遵守規定，政府專注於解決問題的方法，而不是一味祭出新的懲戒手段，世界會是什麼模樣？我們也許無法改變全世界，但只要放開控制、不再縱容，改用溫和且堅定的態度教導孩子，我們都可以改變自己的家庭。

第5章

愛太多的成因

且讓我們暫時接受這個事實：父母常常以愛為名，採取沒有效果、甚至傷害孩子的教養行為。為什麼會這樣？為什麼會發生在現今？愛太多，究竟是為人父母的本性，還是現代社會的產物？

教養的迷思

社會上對兒童的看法發生了重大轉變。在「美好的過去歲月」裡，人們常說孩子應該「只見其影，不聞其聲」，一般視孩子為「資產」，是農莊裡幫忙的重要人手，是未來的學徒，等著從父親手中繼承家業。對當時的人來說，孩子幸福與否並不是最重要的考量（當然，當時大多數的大人也一樣，為了生活奔波勞碌，無暇顧慮自己是否幸福）。事實上，直到最近為止，孩子一向被視為裝著「原罪」的小小容器：他們不太討喜，卻頑劣非常，亟需「管教的杖」好好拯救一番。在那個年代，還沒有出現父母必須幫孩子建立自尊心的說法。

矛盾的是，儘管早期的生活不如現代富裕，但許多孩子長期待在父母身邊工作，學會了有用的技能，也認識了自己的能力——真正的「自尊心」正是以這些能力為基礎建立而成。至於沒有機會在父母身邊工作的孩子，則看遍了城裡的世態炎涼，磨練出圓滑、精明的「生存智慧」，因為沒有人溺愛他們，也沒有人控制他們。

到了現在，我們一方面擔心孩子無法建立自尊心，另一方面卻創造出孩子無法磨練能力的環境。此時孩子又該從何發展出自尊呢？

現代人認為孩子的快樂必須優先於所有人的理智和尊嚴，這波觀念上的轉變，也催生了一些「什麼才是好父母」的世俗看法。這些看法當中，不乏混淆視聽、自相矛盾者，而且大部分都錯誤百出，必須詳加驗證。

孩子是宇宙的中心？

不少父母相信，孩子應該成為宇宙的中心——一切應該以孩子的需求為優先，孩子應該永遠快樂（我們誤以為孩子對自我、對人生「感覺良好」就等於真正的自尊心），而且父母生命中除了工作和完成本分之外的每一分、每一秒，都該奉獻給孩子。

現代親職教育的資訊氾濫，父母受到無數理論和教養建議的轟炸。（必須承認，我們身為作者，也是這些資訊的生產者之一——不過我們對自己提出的方法有信心，這些都是實用又有效的建議。）有些極端的方法，例如「親密育兒法」和親子共寢，為什麼會成為趨勢？為什麼父母會擔心：今天沒有在商店裡滿足孩子買糖果的願望，日後可能會造成孩子巨大的心理創傷？從什麼時候開始，父母紛紛在凌晨兩點起床，摸黑排隊等著百貨公司開門，只為了給孩子買一隻包心菜娃娃、艾摩搔癢娃娃，或是其他最新、最潮的玩具？

原因錯綜複雜，沒有唯一的解答。有些人認為是富裕的經濟條件惹禍，有人說是因為職業女性增加；有人覺得提倡兒童福利的言論、親子專家的說法都有所影響；有人認為這是因為大家庭逐漸式微，而且電視等媒體的影響力也不容忽視。不過，溺愛孩子造成的影響，遠比原因來得重要。正如各位所見，縱容、溺愛的管教方式，無論對孩子、對父母還是對社會都將帶來不良影響。從小被寵愛到大的孩子，容易相信「我理所當然該過好日子」，「愛就代表你們應該照顧我」，而且「我要什麼就該有什麼——現在就要！」

有時候，父母會決定用上一輩養育他們的方式帶孩子。可是，「這方法對我很管用，」他們臉上帶著迷惑說：「怎知對我的孩子完全沒效。」有的父母會堅稱，他們已經避開了上一輩犯過的所有錯誤。「我發誓，我永遠不會用我爸媽的方法帶小孩。」他們說，「但我家小孩還是表現得像個小渾球。為什麼？」

真的，為什麼呢？許多父母會重複上一輩犯下的錯誤，要不就是走向另一種極端；兩種做法都不太可能發揮良好的管教效果。事實是，現在孩子生活的這個世界，已經和我們兒時的世界截然不同。有些事依舊不變：我們一樣出生、成長，尋找伴侶，也許會選擇生小孩；我們一樣辛勤工作，一樣有夢想，一路掙扎著追求成功。但是，現代的社會、科技、文化，現代生活的壓力，以及對自己的期許，使得我們很難擁有幸福的婚姻生活，孩子要長成有擔當的成年人，也是難上加難。這些現象有幾個可能原因：

- 第二次世界大戰以來的社會變遷；
- 女性加入全職工作的勞動人口，連帶產生兒童托育及壓力問題（後文將會討論到愧疚感——深不見底、揮之不去的愧疚感）；
- 家庭結構改變，包括離婚率上升，單親及繼親家庭增加，以及小家庭從大家族中分離出來的傾向；
- 文化上的改變，現代生活強調大眾媒體、科技、個人活動，較不重視廣大社群的參與；
- 現代社會逐漸傾向將孩子擺在家庭的中心，大人為了滿足孩子一時的興致和欲望，不惜自我犧牲；
- 父母「愛的過失」——父母沒有及時發現上述改變、調整教養方式，也無心學習新的管教方法，無心練習如何給孩子長遠的正面影響。

二戰以來的變化

大部分歷史學家和社會學家都一致認為，二戰永遠改變了現代人的生活。一九四〇年代之前，美國大多依靠大自然過著自給自足的生活，或形成小型的聚落。為人妻、為人母的女性，大部分待在家中帶孩子，男人則負責每天出門工作。戰爭爆發之後，一切都變了。男人必須上戰場，但工廠需要人手，需要有人維持社會運作，也需要人力生產大戰所需的物資。知名的「鉚釘女工蘿西」（Rosie the Riveter）海報就此誕生，女人紛紛挽起袖口，走入工廠——等到戰爭結束，她們不一定願意回到廚房。

當時許多家庭採行這種現代生活。慢慢地，人口從鄉村流入都市，因為都市裡才有最好的工作機會。祖孫三代同住越來越少，越來越多小家庭搬到另一個城市、另一個州，年輕父母無法再仰賴老一輩的支持和建言。新興產業紛紛出現，新產品隨時都在架上等待顧客購買，家庭消費能力也日漸增加。今日不少老人都記得自己家裡的第一台收音機、第一輛車、第一台電視、第一台彩色電視。現代人可以擁有許多「物品」；到了後來，擁有大量物品變成一件重要的事。隨著時代演變，許多夫妻開始認為家裡只領一份薪水不夠花用。

職業婦女出現了

女性因為各種不同的理由投入職場。不論你對職業婦女有什麼看法，事實是現代有無數的媽媽在職場上工作。一九五〇年代，家有六歲以下孩童的媽媽當中，外出工作的人佔了百分之十二；現在，三歲以下孩童的媽媽有百分之五十需外出工作，至於學齡兒童的媽媽，更有多達百分之七十五選擇投入職場。雙親都必須外出工作，勢必得找人幫忙看顧孩子，一個新興的行業也隨之誕生（孩子的生命中也多了一個新的要素）：托育服務。

媽媽外出工作和托育服務對孩子（尤其是幼童）會產生什麼影響，仍沒有定論。先不論這個現象帶來了什麼益處，可以肯定的是，對於如何分配工作以外的時間、如何處理雙薪家庭產生的壓力等問題，職業婦女們確實面臨兩難的抉擇，同時也不斷摸索孩子在她們生命中的位置。

三十六歲的羅莎莉是職業婦女，在紐約一間廣告公司擔任高階主管。她的丈夫克里弗是律師，在芝加哥的知名法律事務所工作。羅莎莉在紐約有間公寓，家人則住在芝加哥郊區，她為了工作往返兩地。她請了一位受過「歐洲訓練」的保母，照顧她四歲和七歲的兩個孩子。克里弗盡可能空出時間陪伴孩子，但他常常得工作到很晚。

羅莎莉記得，小時候她放學一回家，馬上就能見到媽媽；她很愧疚，因為她錯過了孩子的成長，她也常抱怨搭飛機往返兩地浪費時間。但羅莎莉相信，這份工作給了這個家庭、也給了孩子夢想中的生活型態。她驕傲地說，孩子什麼也不缺，而且夫妻倆堅持雇用最好的保母。沒錯，她回家的時候通常已經累壞了，沒有力氣去看足球比賽或參加茶會，但只要有人暗示她的選擇可能會傷害孩子，她總會生氣。「孩子知道我愛他們，」她斬釘截鐵地說：「我每次從紐約回來，都會帶禮物給他們，而且我們以後一定會有更多時間相處。」

羅莎莉的選擇是否傷害了孩子呢？她深愛自己的孩子，這點無庸置疑，但提供孩子富裕的「生活型態」、為他們請最好的保母，這種愛真的健康嗎？絕大多數投入職場的媽媽們，就連工作壓力遠不及羅莎莉的人，也曾經懷疑自己是否有足夠的心力扮演這麼多角色，當個「好」媽媽、好伴侶，同時又要當個健康、獨立的人。（巧合的是，專心帶小孩的家庭主夫、主婦，也常因為沒有外出工作而感到愧疚。他們也同樣剝奪了孩子的利益和機會嗎？）許多父母選擇控制或縱容的管教方式，只是因為在壓力、愧疚感、有限的時間等眾多因素下，這兩個極端看起來像是唯一的選擇。

另一位媽媽，賽莉雅家裡的氣氛則大不相同。她是單親媽媽，任職於牙醫診所，撐起整個家庭。賽莉雅有三個孩子，分別是三歲、六歲、八歲，她雇用了同為單親媽媽的夏倫，在工作日幫忙照顧孩子。

賽莉雅說孩子是她生命裡的第一順位，而且她說到做到，從不把疲倦當成不陪伴孩子的藉口。她和孩子一起訂定每天的日常作息慣例，全家人共同合作，就能空出更多時間一塊玩遊戲。

她們家確實沒有太多物質享受，賽莉雅已經開始和六歲大、八歲大的孩子討論物質主義的危險。開家庭會議的時候，全家人會一起討論最重要的優先事項有哪些、該如何分配預算才能達成目標。她們決定每個月只吃兩次速食，把錢省下來，放假的時候才能去海邊露營。

賽莉雅讓孩子明白她需要他們，但不會給孩子太多壓力。孩子們有許多機會體認到自己的辦事能力，全家人每週都會在家庭會議中決定晚餐菜單，每個孩子都要和媽媽一起「負責」兩天的晚餐。

每當社會上發生了什麼壞事，忙於工作的父母和單親爸媽總會成為眾矢之的。但大家都忽略了一個事實：社會上的好人總比「壞人」多，其中有無數善良的人成長於單親家庭或雙薪家庭。

檢視社會問題的成因時，很多人沒考慮到這個重要因素：父母是否愛得太多，以不健康的方式愛孩子？沒有任何研究可以加以考察，不過我們認為問題在於爸媽的教養方式（尤其是對長期影響的認知），而非單親家庭或經濟條件等外在因素。

離婚，當代風格

職業婦女增加，並不是這個社會上發生的唯一轉變。過去數十年間，家庭的本質已經大不相同。一九六〇年代，性解放運動開始，傳統道德規範鬆綁，民眾普遍晚婚；離婚變得更簡單、更常見，也不再是丟臉的事；除了傳統的核心家庭之外，也出現單親家庭、繼親家庭、同志家庭、隔代家庭等多元的家庭型態。數據顯示，二〇〇〇年美國最普遍的家庭型態是繼親家庭，第二、三次婚姻的離婚率又比初婚更高（某些研究得出的離婚率甚至高達百分之七十）。

一份芝加哥大學的研究，顯示出社會改變幅度之大。該研究指出：

1. 一九七二年，近百分之七十五的成年人已婚，一九九八年結婚的比例則僅有百分之五十六。
2. 一九七二年，百分之七十三的兒童與雙親同住，到一九九八年則只有百分之五十一。有百分之十八的孩子住在單親家庭。
3. 價值觀也有所轉變。一九七二年和一九九八年，家長都不約而同將「獨立思考」列為孩子第一重要的特質。但在一九七二年，第二名是「服從」，第三名是「勤奮」。到了一九九八年，父母不再希望孩子服從，反而要求孩子「自律」，認為孩子有更多自主權。他們贊同孩子享受童年時光，但是最好能配合爸媽忙碌的行程，用有組織的方式玩耍，例如體操、足球，可以放任孩子自己去玩。開放式的遊戲需要大人在一旁督導，比較不受現代父母歡迎。

這些改變對孩子有驚人的影響。我們相信，不論哪種類型的家庭，都能成為孩子健康、溫暖的家；但現代社會中的父母確實需要多加思考、規劃，孩子才能順利學習成長。有些父母離婚後共有監護權，時間老是不夠用，孩子又缺乏另一方家長的陪伴，父母心生愧疚之下，特別容易用禮物和特權補償孩子。如果爸媽都是愛太多的父母，對孩子的傷害更加嚴重。也有許多單身、離婚、再婚的家長要出外工作。面臨這種雪上加霜的情況，實在很難克制自己不要縱容孩子、不要給予過多的物質享受或掌控孩子的一舉一動。難道單親家庭的孩子本來就比較容易變壞嗎？（我們要告訴你，絕非如此。）

文化的演變

幾乎家家戶戶都有電視、網路，就連收入最微薄的家庭也不例外。這些當然是絕佳的溝通和教育工具，但它也創造了一個全新的產業：廣告。廠商每年砸下重金，推銷名牌服飾、玩具、奢華的生活型態，其中更有一大筆廣告費用是瞄準兒童。許多兒童節目其實是經過包裝的廣告，旨在推銷玩具和相關產品。一旦孩子接受了這些觀念，覺得自己必須擁有最新的玩具或服飾，很可能練出一身撒嬌、控制爸媽的本領。更別說有的爸媽心懷愧疚，特別容易遷就孩子。

電視無所不在；孩子房間裡有自己的電視、電玩早已不稀奇。在很多家庭當中，「家庭時間」的意思是家庭成員各自待在房間，做自己的事。現代家庭很少圍在一台電視機前，全家一起看最愛的娛樂節目或新聞報導；現在，電視不再拉近人們的距離，反而使家人之間更疏遠。家長允許孩子在房間裡擁有這麼多「物品」的時候，是否考量過長期影響呢？父母是否在孩子房間裡堆滿了愛太多的證據，卻沒有想過後果？

網際網路興起之後，家庭生活也變得比以往更複雜。家長大多希望孩子學習使用電腦，畢竟這已經是各個專業領域不可或缺的技能。但另一方面，網路上也充斥著各類廣告和不適合孩子接觸的內容，而且許多家長的能力和警覺心不足，無法確保孩子以正確的方式使用電腦。家庭成員各自擁有個人電腦，更沒有時間好好坐下來談話了。父母允許孩子在自己的房間裡上網，有沒有考量到長期影響，甚至是實際風險？性犯罪者在網路上虎視眈眈，孩子隨時可能接觸到色情、不法的內容，更別說不少專家都認為使用電腦有成癮可能。很多青少年用電腦，也不是在看色情網站，而是整天泡在網路聊天室裡，聊些不著邊際的話題。這就像年輕人和朋友講電話，一講就是好幾個小時，或是和死黨一起逛街閒聊，都是類似的情形。

令人難過的是，現在有許多年輕人對喜歡的歌手、名人、電視人物瞭若指掌，對自己的家人卻一無所知。爸媽忙著準備晚餐、打掃家裡的時候，讓電視、電腦幫忙帶小孩也許十分方便，但這些科技產品不會引導孩子發展出健康的技能與觀念，也無法培養人際關係。要以健康的方式愛孩子，必須先學會管理日新月異的科技產品。

專家說法，莫衷一是

對現代父母而言，帶小孩是件無比複雜的工作。幾乎所有爸媽或多或少都看過親職教育書籍，親子書買到堆滿整個書櫃的也大有人在。親職教育並不是現代才有，早在一八〇〇年代，親子專家就已經存在（當然這些專家都是男性；當時的社會認為女人無法理解養育小孩的複雜知識）。舉例而言，二十世紀初哥倫比亞大學的荷特醫師（Dr. Luther Holt）就警告爸媽切莫使用太舒服的搖籃，不要在孩子哭泣的時候把他抱起來，也不要太常抱著孩子，這些都是「惡劣行為」。

> 想要以健康的方式愛孩子，就必須先學會管理日新月異的科技產品。

斯波克醫師（Dr. Benjamin Spock）大概是現代最著名的親子教養專家，在他之後又有一大批專家崛起，他們的看法南轅北轍，常見彼此矛盾的論調。例如威廉・希爾斯（William Sears）就提倡「親子共寢」，鼓勵父母和孩子同睡一張床，而且應與孩子保持肢體接觸，隨時都抱著孩子；約翰・羅斯蒙（John Rosemond）認為父母應該直接告訴孩子「沒有為什麼，我說怎樣就是怎樣！」並引用《聖經》的經文鼓勵體罰；其餘專家瓜分中間的領地，各據一方。茱蒂・哈里斯（Judith Rich Harris）的論文〈教養的迷思〉（The Nurture Assumption）則認為孩子的基因和同儕決定一切，所以無論父母如何管教，都不會影響孩子的行為表現和人格特質。父母們看得都糊塗了。

有一位和孩子共寢的母親，形容自己的教養方式是「順著阻力最小的路前進」。一開始，她和孩子睡同一張床，因為比較省事；後來繼續睡在同一張床上，因為改掉這個習慣太難了（畢竟孩子一定會哭）。她不希望孩子承受戒掉這個習慣的痛苦（而且她也累壞了），所以她找了鼓勵親子共寢的「專家」，正當化自己的教養方式。

許多爸媽讀了無數的親職教育書，反而比讀書之前更困惑、更不知所措。他們嘗試了一個又一個教養技巧，卻沒有一招達到預期的成效；對於「現代教養方針」的無力感和不信任，有時會導致父母舉白旗投降（縱容孩子）或強行掌控全局（控制孩子）。

我們認為，依賴單一管教方式有其風險（例如隔離罰站、數到三、施加「後果」處罰孩子等），因為這些方法僅提供暫時的成效，卻沒有考量孩子的想法、感受、對自己的觀感，以及對未來行為的影響。有太多所謂的「教養術」只關心如何阻止孩子「現在」的行為，並未思考孩子學到了什麼，也沒有將長期影響納入考量。親職教育與相關知識是教養路上不可或缺的良伴，我們認為父母必須瞭解孩子的發展階段、性格、侷限，也應該知道長期而言什麼方法最有效。

信任你內心的智慧

只有親職教育還不夠；父母必須從無數的管教工具和技巧當中（包括我們教你的技巧），選出「適合」自己的做法。父母要學著相信自己的智慧，運用常理判斷，成為最瞭解自家孩子的「專家」——等你瞭解了兒童發展歷程，學著走入孩子的世界，思考以長期眼光教養孩子的重要性之後，對自己的選擇會更有信心。反過來說，如果沒有這些知識，父母很可能順著當下的情緒選擇教養方式，而非以內心的智慧做出適合的決定。

別管鄰居怎麼想

比起自己的想法（或對孩子有幫助的做法），有些父母更在乎鄰居的看法。底下是一位媽媽敏娣的故事，她參加我們團體治療的「神奇商店」後，終於意識到自己原來太在意鄰居怎麼想。

團體治療當中，「神奇商店」的技巧讓參與者可以到神奇商店說出自己想要的東西；經驗老到的「店員」（治療師）會以巧妙的方式，道出「顧客」必須付出什麼代價，才能獲得渴望的人、事、物、境遇，藉此為參與者帶來深刻的啟發。

敏娣在團體心理治療時自願光臨「神奇商店」。店員問她，「世界上你最想要的是什麼？」敏娣回答，「我想當個好媽媽。」

接著，店員問了個深奧的問題：「誰眼中的好媽媽？鄰居？公婆？還是孩子？」敏娣頓時啞口無言，她這才意識到自己太在乎別人對她管教方針的觀感，而自己卻沒有考慮過孩子的想法。她總是擔心他人的眼光，介意外人覺得她應該成為什麼樣的母親，無暇思考什麼才是她自己心目中合理的教養方式，又該如何幫助孩子成長為理想的大人。

敏娣開始反思別人口耳相傳的教養方法，這是改變的開始。她積極吸收親職教育知識，讀了很多書，也參加了不少課程。最重要的是，她開始用自己內在的智慧，過濾她學到的所有知識，漸漸開始在乎孩子的長遠利益，不再以鄰居的觀感為優先。她開始考量孩子對事情做出的決定，以及孩子未來會做出什麼樣的事、成為什麼樣的人。毫不意外，敏娣發現孩子的行為大幅改善，她們家的親子關係也變好了。

社會壓力

我們需要很大的勇氣，才有可能完全克服社會壓力，把他人的期待拋在腦後，不追求別人的認同，只跟著自己內心的智慧走。（聽到婆婆酸一句「以前我教的小孩才不會這樣鬧脾氣」，有哪位媽媽可以完全不生氣呢？）我們也懂為人父母的心情，家長總是對周遭人們的意見十分敏感：老師、學校主任、鄰居、教會結交的朋友、少棒隊認識的家長，都難免影響父母的決定。需要細膩的心思和勇氣，才能找出什麼做法對你的孩子、你的家庭最有效。

讓我們舉個例子吧。有一年夏天，強森一家人和朋友一起去背包旅行。強森家有個名叫傑森的兒子，才十歲，卻背著自己的登山包，徒步走了將近十公里深入峽谷，精神可嘉。一行人準備走上陡峭的小徑，踏上回程之前，傑森抱怨他的包包背起來很不舒服。老爸聽了打趣說：「沒問題啦，你老爸海軍陸戰隊出身的耶。」

傑森已經痛得沒心情開玩笑了，他繼續往前走。過沒多久，大人們就聽到背包滾落山坡的聲音，媽媽立刻起了警覺心，說不定是傑森滑倒受傷了。她趕緊跑到孩子身邊，發現傑森沒事，也沒有受傷，鬆了一口氣。媽媽關心地問：「你沒事吧？怎麼了？」

傑森生氣地大叫：「沒事！只是很痛！」

他把背包扔了，轉身繼續爬山。其他人在一旁看好戲，其中一個大人自願幫傑森扛背包。傑森媽媽覺得很丟臉，不知道該怎麼回應兒子的行為。朋友們會不會覺得她是不及格的媽媽？

深呼吸、冷靜了一會兒，她戰勝了自我，想起最重要的事：那就是在解決問題的同時鼓勵孩子、教孩子學會負責。她請其他人先往前走，好讓母子私底下解決問題。接著她意識到，在著手解決問題之前，她必須走入傑森的世界，瞭解孩子發生了什麼事。

媽媽對傑森說，「你一定很生氣，因為你出發前就跟我們說包包背起來不舒服，但我們都沒有認真幫你解決問題。」

傑森說，「對，而且我再也不要管它了！」

媽媽回答，「我不怪你，如果我是你的話，一定也有一樣的感覺。」

傑森爸爸站在一旁聽母子倆的對話，馬上就知道發生了什麼事。爸爸跟傑森道歉，說他不應該欠考慮就開玩笑，希望傑森再給他一次機會，讓爸爸陪他一起解決問題。

傑森很快就消了氣，現在他已經準備要合作了。他和爸爸一起想辦法把外套墊在會痛的地方，傑森繼續背著包包走完全程，途中只稍微抱怨了幾句。

當然，強森一家人永遠不會知道朋友心中怎麼想，不過父母如果想迎合其他人的期待，也許當場會罵傑森不負責任，狠狠念他一頓，再加以處罰，讓朋友知道他們沒有放任傑森撒野。換句話說，假如他們這麼做，等於只想當「表面上的好父母」，而不是「真正對孩子好的父母」；若只看見短期的影響，選擇討好鄰居，而沒有看見長期影響，便錯過了教導孩子溝通、解決問題的一個好機會。這樣的父母沒有跟著自己的常識行動，反而迷失在困惑的泥沼之中。

誰最重要？當然是孩子！

我們再三強調，父母應以長遠的眼光教導孩子，必須考量長期而言對孩子最好的做法，而非選擇當下感覺最良好、最方便的做法。這也表示把孩子放在第一位、時時為孩子短期的快樂操心，往往不是最健康的愛。

父母的壓力越來越大，老是備感愧疚，不知所措，孩子的快樂卻變得越來越重要。我們常看見有些家庭裡的孩子儼然是個小皇帝。父母想滿足孩子的願望，努力「培養」孩子的自尊心，結果卻使自己二十四小時奔波勞碌，馬不停蹄。

備受寵愛、成為全家關注焦點的孩子，錯過了無數的學習機會，無從培養健康成年人必備的技能和態度。父母把孩子的快樂放在第一位（前提是這麼做不會給爸媽帶來太多麻煩），心裡究竟在想什麼呢？他們考量的是短期利益，而非長期影響；這些父母選擇了一時的方便、良好的感覺，屈服於自己的情感——其中影響力最大的，正是愧疚感。

愧疚

要克服愛太多的陷阱，就得先瞭解「愧疚感」在你的教養策略中扮演的角色。愧疚感是個重要因素，深深影響了無數的家長，因此必須以一個完整章節說明——也就是下一章。（不得不說，我們對愧疚感的影響瞭若指掌，因為我們自己也深受其害。）父母確實有辦法避免「愛太多」的情況發生。本書旨在幫助你避開不健康的愛，找出最有效的方式——為了你自己，也為了孩子著想。

> 父母用長遠的眼光教導孩子，必須考量長期而言對孩子最好的做法，而非選擇當下感覺最良好、最方便的做法。

1 我們不認為單親家庭是「破裂」的家庭，這只是另一種家庭型態。參見《寫給單親爸媽的正向管教》（Positive Discipline for Single Parents），簡・尼爾森（Jane Nelsen）、雪柔・埃爾溫（Cheryl Erwin）、卡蘿・德里澤（Carol Delzer）共同執筆，Prima出版，一九九九。

第6章

愧疚感：愛太多的根源

愧疚感常常是將愛太多的父母推向極端的罪魁禍首。事實上，愧疚感也是許多糟糕管教措施的根源。家長感到愧疚的原因百百種：外出工作、離婚、守寡；經濟條件不好、太忙、陪伴孩子的時間不夠多……都會讓父母覺得自己愧對孩子。現代社會如此複雜，父母的愧疚感也有成千上百種來源。

把愧疚感當成行為動機有兩個問題。第一，如果這件事無法（或不會）改變，那感到愧疚又有什麼好處呢？第二，如果你可以改變這件事，那只在原地感到愧疚又有什麼用處？

別讓愧疚感變成你逃避改變的藉口

愧疚感通常是一種偽裝，代表我們做得「不好」，卻「感覺良好」。換言之，父母有時會用這種方式正當化自己的行為：「至少我還會覺得愧疚。如果我這麼做還毫無悔意，那我就真的是很惡劣的人了。」與其這麼想，還不如拋下愧疚感，改變現在的做法；要不然就乾脆選擇用自信、滿意的態度，繼續維持你現在的做事方式，反而更有效率。我們現在就來看看幾個父母容易感到愧疚的情境，以及如何改變或接納現況。

愧疚情境1：單親家長

眾所皆知，近年來離婚率居高不下，美國甚至達到百分之五十左右，亦即有一半的婚姻以離婚收場（第二、三次婚姻的離婚率又更高）。高離婚率造成了另一個現象：世界上出現了許多單親家長，同時也有許多孩子在單親家庭中成長。許多單親爸媽深怕孩子沒有在雙親環境中成長，會受到永久的傷害。其實有許多優秀的成功人士，都是由單親爸媽一手帶大的。單親爸媽為愧疚所苦時，往往由於太愛孩子而採取極端的管教方式，這些「極端」可能以各種不同的形式出現。

1. **試著「彌補」家裡可憐、無辜的孩子**。單親父母殫精竭慮，一心想兼顧父母雙方的角色，也常把孩子和自己視為需要同情的受害者。父母的態度有感染力，孩子在耳濡目染之下，馬上學會了受害心理，為自己感到可憐。孩子也可能因此認為單親家庭是一種缺陷，或認為自己理應獲得特別待遇。無論對家長或孩子而言，這種想法都無法帶來正面的長期

> 感到愧疚時，你可以：1拋下愧疚感，改變現在的做法。2乾脆用自信、滿意的態度，繼續維持你現在的做事方式，這樣更有效率。

影響。

2. **即使負擔不起，也要給孩子物質享受**。有時候單親爸媽無法挺直腰桿，自信又有尊嚴地告訴孩子「我們買不起這個」。這件事不僅令人難過，對孩子的長遠發展也沒有幫助。不妨用正面的態度看待這件事，父母沒有提供孩子富裕的物質享受，對孩子來說反倒是一種福氣，同時也是孩子學習生活技能的好機會。

3. **自己已經情感枯竭，卻給予孩子過多的情感支持**。大多數的單親父母，都曾經看見自己的孩子為失去的親人哭泣。這些爸媽會告訴你，那是一種無助、甚至絕望的經驗。大人容易衝動地想「糾正」孩子的情緒，想說服他走出悲傷或憤怒，保護他免於受苦。有時候是家長燃起了怒火，也許是對孩子生氣，也可能是對已經不在的另一半生氣。家長很難把孩子從情緒當中解救出來，就連試著幫助孩子的舉動，常常也是徒勞無功；因為單親父母仍須面對自己的悲傷，沒有多餘心力處理孩子強烈的情緒。

本書會慢慢提到，每一個人都必須學會面對悲傷、失望、憤怒等負面情緒。以錯誤方式愛孩子的父母，往往想要保護孩子免於體驗這些情緒——而孩子就此錯失了一次學習機會，受到保護的孩子不會知道自己有能力面對生命中的創傷，也不知道自己可以從中學到多麼寶貴的教訓。

4. **為了「拯救」孩子免於不幸，採取過度控制的管教方式**。單親爸媽總會在某些地方聽說，單親家庭中長大的孩子比較容易吸毒、過早接觸性行為，學業表現比較不理想，也比較容易成為少年罪犯。許多單親爸媽反應過度，訂下嚴格的規矩，二十四小時監控孩子，祭出嚴厲的懲罰，藉此「教養」孩子。前文也討論過，父母控制孩子，總是出於一片好心——但是過度控制永遠無法讓爸媽教出心目中理想的孩子。單親爸媽都很辛苦，不過溫和而堅定的教養原則無論運用於單親或雙親家庭，效果都一樣卓越。

愧疚情境2：繼親家庭

父母對單親家庭的愧疚，常導致另一種愧疚感——也就是繼親家庭的愧疚。許多單親爸媽選擇再婚，而繼親家庭有時候是非常複雜的環境。孩子在雙親之間掙扎，同時也必須適應不同的家、不同的規矩、不同的期待。看見孩子在適應上的掙扎，父母心中滿是愧疚、愧疚、再愧疚。如果孩子不喜歡新的爸爸或媽媽怎麼辦？如果孩子想念生父母，或是必須與新的兄弟姊妹共享自己的父母怎麼辦？如果一位父親再婚，與新的妻子和繼子女一同生活，但他「應該」花時間陪伴的親生孩子卻住在別處，那又該怎麼辦呢？繼親家庭給了父母無數感到愧疚的理由，父母也往往因此採取極端的管教方式解決問題。

不論婚姻狀態為何，父母都必須面對自己的感受，為自己花點時間，調適出健康的心理狀態；同時，家長也應該相信孩子有能力接納他自己的情緒。無論你是單親父母、繼父母，或者仍與伴侶維持婚姻關係，都可以善用反映式傾聽的技巧（「我知道你現在一定很想念爸爸」）；給孩子一個擁抱，找個適當的時機，陪孩子一起腦力激盪，想辦法解決問題。**同理心加上同情心，配合溫和且堅定的教養態度，就是你最好的工具**，不僅足以解決問題，同時也是有智慧的父母能夠給予孩子的最大幫助。（若需要更多繼親家庭、單親家庭的親子關係建議，參見《單親家庭的正面教養》增訂二版（Positive Discipline for Single Parents），Prima 出版，二〇〇〇；《繼親家庭的正面教養》增訂二版（Positive Discipline for Your Stepfamily），Prima 出版，二〇〇〇。

愧疚情境 3：在職父母

有些父母是為了生活而工作，也有些父母是為了自我實現而工作。不論原因為何，家裡沒有大人守候，不少出外工作的父母總會擔心孩子感到孤單、寂寞。活躍於各大媒體的「專家」紛紛主張，「好父母」都應該在家陪伴孩子，更加深了在職父母的愧疚感。父母一旦相信出外工作會讓孩子難過，總是難以擺脫愧疚感；孩子察覺了這一點，馬上學會利用爸媽的愧疚，為自己爭取好處。

愧疚情境４：愧疚—生氣—懊悔的無限循環

「媽媽，再念一個故事給我聽嘛，」四歲的安琪菈哀求。克莉絲是安琪菈的媽媽，她已經累壞了——她明天開會還得準備一份報告，現在她有點生氣了。克莉絲已經妥協了三次，讀了三個故事給安琪菈聽，不想再繼續讀下去。但是她整天忙於工作，把安琪菈一個人留在幼稚園，自己也深感愧對孩子。克莉絲小時候，每天下午放學回家，媽媽都在家裡等她回來。愧疚使她坐立難安，她覺得自己必須補償安琪菈，即使她需要一點自己的時間，而且現在感到如此挫敗、煩躁，也應該完成這個義務。所以克莉絲嘆了口氣，妥協了，暴躁地念了第四個故事給安琪菈聽。

故事念完，安琪菈又開始撒嬌，要求媽媽再念一個。克莉絲突然忍無可忍，她怒斥：「安琪菈，妳老是不知足，永遠只想要更多、更多、更多！我永遠不要念故事書給妳聽了，

家長應該相信孩子有能力接納他自己的情緒。

妳最好學會珍惜自己擁有的東西，不然妳什麼也得不到！」

安琪菈哭了起來，克莉絲衝進洗手間，鎖上門，自己也開始哭。接著她深感懊悔，開始指責自己。「她只是個孩子，只是希望我多陪陪她。我一整天都把安琪菈一個人留在幼稚園，至少也該為她多念幾個故事吧。」然後她又開始覺得愧疚了。「我再怎麼累，也不是她的錯，我不希望自己的小寶貝因為媽媽要工作而難過。我怎麼可能把這件事做好？」

這個案例當中，哪些事情是真的，哪些是假的？安琪菈需要媽媽多陪陪她，這是真的。安琪菈必須聽媽媽念四個故事，這是假的。克莉絲讓安琪菈學會按下媽媽的「愧疚開關」，等於是教會了孩子控制父母的技巧。

如果克莉絲事先安排一段合理的睡前時間陪伴安琪菈，「生氣」其實不難避免。讀完一、兩個故事之後（只佔用克莉絲適當的時間，不會使她煩躁），媽媽可以溫和且堅定地告訴孩子：「故事時間結束囉，現在是給媽媽抱抱的時間，我們要乖乖睡覺了。」

安琪菈一定知道媽媽說這句話是不是認真的，也知道媽媽的「愧疚開關」是不是還按得下去。然而，克莉絲剛開始學習放開愧疚感的時候，安琪菈想必會變本加厲，希望事情會照著老樣子發展。她可能會尖聲大叫：「我還要一個故事！」

克莉絲可以維持溫和且堅定的態度，告訴孩子，「妳要給媽媽抱抱再睡覺，還是不要抱抱直接去睡？」讓安琪菈用自己的意志做決定，也許足以分散她的注意力，不再和媽媽爭執。如果安琪菈還是繼續哀求、尖叫，克莉絲可以說：「我會在這邊坐五分鐘，看妳會不會準備好讓媽咪抱抱。」（畢竟安琪菈控制媽媽的技術，也是克莉絲一手訓練出來的；要教她學會尊重，可能需要一點耐心。）如果安琪菈還是繼續我行我素，克莉絲可以告訴她：「妳現在好像還沒準備好要給媽咪抱抱，我們明天晚上再試一次吧。」然後直接離開房間。（沒錯，安琪菈一定會哭，但就我們所知，哭鬧不會致命。）

以下這幾個方法，可以徹底消除在職父母「愧疚、生氣、懊悔」的循環。

1. **拆掉你心裡的「愧疚開關」**。孩子在雙薪家庭中仍然可以健全成長。如果你對這件事有十足的信心，心裡的愧疚開關自然會消失。附帶一提，父母心裡的愧疚開關按不按得下去，孩子永遠看得一清二楚。愧疚開關總會發出某種特別的訊號，無須父母多言，孩子自然心領神會。聽專家每天重複「我是我家小朋友的媽媽」，高談闊論好家長不該工作的道理，對於親子關係毫無助益。你大可抬頭挺胸，大方告訴自己：「我是我家小朋友的在職媽媽！」你和孩子都可以發展得很好，只要你不再愧疚，仔細考量長期影響，以溫和且堅定的態度教導孩子，那絕對沒問題。

基本上，孩子不會因為父母外出工作而心生怨恨，知道這一點也許可以讓你放下心中一塊大石。《聽聽孩子怎麼說》（Ask the Children，暫譯，William Morrow 出版，一九九九）的作者艾倫．賈林斯基（Ellen Galinsky），曾經訪問一千名以上就讀小學三年級至高中三年級的孩子，列出十二項與健康發展密切相關的面向，請孩子們為自己的爸媽打分數。媽媽工作與否，從來沒有影響任何一個孩子對媽媽教養方式的評價。

事實上，許多孩子表示，認真工作的爸媽是他們的驕傲，而且家庭經濟狀況穩定，孩子也較有安全感。孩子對於不工作的父親缺乏敬意。孩子不介意與父母相處的時間太少，他們抱怨的是父母在家人共處時過得太倉促、不情願，或是沒有真正與家人培養緊密連結。訪談顯示，約有百分之四十四的孩子覺得和媽媽相處的時間太匆忙；百分之三十七的孩子覺得和爸爸相處的時間太倉促。此外，父母往往沒有聽見孩子的心聲：僅有百分之三十三的父母認為自己和孩子相處時太過匆忙。

父母出外工作不會傷害孩子。態度決定一切，親子教養的每個層面皆是如此。仔細思考目前的管教方式會造成什麼長期影響，以及孩子會因此做出什麼決定，不僅能改善管教效果，也能讓你盡早拋開在職父母的愧疚。

> 孩子在雙親工作的家庭中，仍然可以健全成長。如果你對這件事有十足的信心，心裡的愧疚開關自然會消失。

2. **不要以愧疚或其他藉口溺愛孩子**。在職父母心懷愧疚的時候，常會溺愛孩子以減輕自己的愧疚感，但大家都知道，溺愛對孩子並無助益。第一，父母的身教勝於言教，孩子能察覺父母做事的動機（有時是在潛移默化中理解），總會「知道」爸媽可憐他們。如果你這麼想，孩子自然也會產生相同感受。第二，溺愛容易邀請孩子建立不健康的觀念，例如「只有寵我的人才愛我」，或是「我應該獲得特別待遇」。第三，驕縱成性的孩子不懂尊重，也不會學到生活技能，只會學到不健康的控制技巧。以溫和且堅定的態度管教孩子，孩子自然會發展出尊重他人的品格，學會自律、負責、合作，逐漸培養解決問題的能力。

3. **事先決定你願意做哪些事，和孩子說清楚**。克莉絲也可以告訴女兒：「媽咪會念兩個故事給你聽。」而且說到做到。關鍵在於維持自信、溫和、堅定的態度。爸媽事先決定願意做哪些事，是尊重自己的表現；為孩子撥出合理的時間、做合理的事，則是尊重孩子的表現。然而，如果爸媽採取威脅的態度，沒有以尊重孩子的態度表達自己的立場，效果則會大打折扣。

4. **避免說教、責罵**。爸媽要捨棄愧疚感，自然也沒有必要讓孩子感到愧疚。說教和責罵的目的是激起愧疚感，藉以控制孩子的行為。這樣管教孩子也許有效，但同時也會導致孩子失去自信，實在太不划算了。管教孩子的時候，盡量不要超過十個字。用單詞表達意思，效果最好：「功課。」「洗碗。」「洗澡。」孩子一定知道你的意思，如果爸媽事先以彼此尊重的態度，與孩子討論過每天的日常慣例，那就更不用擔心了。不妨試試底下的方法，和孩子一起訂下規矩。要是孩子要求你再說一個故事，你可以微笑告訴孩子：「睡覺時間到囉，」然後離開房間。

5. **用堅定、尊重的態度履行承諾**。爸媽貫徹主張的時候，避免用言語表達通常比較有效。如果你也曾經和膝蓋高的小鬼頭吵得臉紅脖子粗，一定明白這個道理。而且你有沒有注意到，孩子（尤其是青少年）常常用你說過的話，反過來辯得你啞口無言？

多說不如行動，父母溫和且堅定的行為遠勝於雄辯。如果你告訴孩子只念兩個故事，那就說到做到，忠於你自己的決定。故事說完，你可以抱抱孩子，親一下額頭，然後帶著自信離開房間。

6. **事先計畫好**。事先與孩子討論清楚，也是避免耍賴的好方法。父母不妨和孩子一起規畫未來該怎麼做。如果父母想改變做法，可以事先告訴孩子，一起討論替代方案，這也是尊重的表現。

克莉絲決定要和安琪菈試試這個辦法。一天傍晚，克莉絲開車載安琪菈回家的時候，與孩子分享了自己的感受。「寶貝，媽咪很愛妳，我希望我們相處的時候都開開心心。我們一起來想個辦法，把睡前時間變成開心的時間好不好？」

安琪菈感受到媽媽態度的轉變，於是回答：「好。」

克莉絲繼續說：「媽咪可以念兩個故事給妳聽。我知道我罵妳會讓妳很難過，妳要求繼續念故事的時候也讓媽咪很難過。我們念完故事的時候，該怎麼辦比較好呢？」

安琪菈說，「我知道，妳可以給我抱抱。」她們睡前本來就有這個習慣，但由安琪菈自己想出這個點子，對孩子來說意義就大不相同。

克莉絲說：「好主意。我們要不要想個暗號，如果我們開始不開心了，就打暗號告訴對方，才不會吵架？比如拉拉耳朵，眨眨眼睛，還是妳有其他點子？」

安琪菈說：「我們可以拍拍膝蓋。」

如果父母想改變做法，可以事先告訴孩子，一起討論替代方案，這也是尊重的表現。

克莉絲回答：「太棒了，我們來試試看。」

當晚，這個計畫發揮了魔法般的奇效——因為這是母女倆一起參與的計畫。這就是日常慣例發揮絕佳教養效果的祕密。爸媽和孩子一同規劃日常慣例（例如睡前該做的事、早上起床該做的事、吃飯時該做的事），這些規定就成了全家人的「老大」。爸媽可以直接問孩子，「我們睡覺前要做的下一件事是什麼？」如此一來，孩子的自主權受到尊重，因為他們只要檢查日常慣例即可，不再單方面接受家長的命令，而且這些規矩也是孩子自己和爸媽一起制定的。

7. **給孩子一點時間適應新的相處模式**。請記得，親子之間演變出現在的相處模式，父母和孩子都有責任。改變需要時間，可能要過一陣子，孩子才會相信爸媽的愧疚開關不會回來了，而且爸媽真的會說到做到，保持尊重、溫和、堅定的態度。

再次強調：即使雙親都外出工作，孩子仍然能健全成長。你的態度是關鍵。如果父母

> 爸媽和孩子一同規劃日常慣例，這些規矩就成了全家人的「老大」。

心懷愧疚，認為孩子深受折磨，孩子在耳濡目染之下很可能產生相同的想法，發展出控制父母的技巧。反過來說，如果父母對自己和孩子有十足的信心，相信全家人可以一起建立成功、快樂的家庭，孩子也更容易採取相同的態度，培養與人合作的能力。

愧疚情境5：托育

托育的愧疚，與在職父母的愧疚感密切相關；有些父母甚至同時受這兩種愧疚感折磨。莎琳娜是單親媽媽，她和蘿西同時進入家鄉的大企業工作，兩人因此相識成為朋友。她們的孩子正好都是三歲，也都找到很棒的托育管道：莎琳娜隔壁住著一位守寡的老太太，她很樂意幫莎琳娜照顧孩子；蘿西則找了一間政府立案、口碑卓著的幼稚園。每天到了回家時間，兩個孩子都捨不得回家，不想離開白天照顧他們的老奶奶和幼稚園老師。莎琳娜為此痛苦不已，但蘿西倒是一派輕鬆。

莎琳娜有點嫉妒，她擔心孩子會愛別人勝過媽媽。蘿西看見孩子捨不得離開幼稚園，反而覺得孩子在這裡過得快樂又滿足，因此對托育品質備感驚喜。蘿西知道女兒在幼稚園裡獲得了滿滿的愛，因此她心裡不再因為自己是在職父母而愧疚，也不再譴責自己把孩子一個人留在幼稚園。

莎琳娜和蘿西聊了自己的感受，對於調整心態很有幫助。孩子在鄰居老奶奶的關愛下過得這麼快樂，她發現自己沒什麼道理為此難過。於是莎琳娜拋開嫉妒心理，轉而感謝找到了這麼好的托育管道。

關於托育的爭議：究竟是由家長專心照顧家庭對孩子比較好，還是品質優良的托育管道對孩子的發展比較有利？兩派論點一向爭議不斷。近年來，幾項研究結果顯示，孩子確實能在品質良好的托育中心達到健全發展。這些研究發現，比起托育環境，「家庭因素」（主要是母親的敏感性以及回應）對孩子的未來發展更具有決定性的影響力——當然，品質低劣的托育中心除外。可以參見美國國家兒童健康與人類發展研究中心（NICHD）「早期兒童照顧研究組織」（Early Child Care Research Network）之論文〈嬰幼兒托育特質研究：論正面照顧之影響因子〉（Characteristics of Infant Child Care: Factors Contributing to Positive Caregiving），還有《幼兒研究季刊》（Early Childhood Research Quarterly，第十一期，一九九六，頁二六七～三〇六）。這些研究在提倡「媽媽應該在家帶小孩」的人士之間掀起了一股騷動。

倡議人士堅稱，社會上所有青少年問題，包括吸毒、犯罪、未成年懷孕等，歸根究柢都是在職媽媽的錯（單親家庭也一樣成為箭靶）。我們不確定這些評論家是否考量了所有變因。上述問題可能有其他成因，例如長時間看電視、物質主義、寵壞孩子、過度控制等，也就是前文探討過的極端管教方式。不論媽媽出外工作還是在家顧小孩，不論單親還是雙親家庭，這些問題同樣存在。

身為孩子的爸媽，究竟該選擇出外工作，還是在家陪伴？筆者必須承認，我們也不知道哪一種做法比較適合你和你的孩子。但是我們相信，無論在哪一種情況下，你和孩子是否能建立成功的親子關係，端看你的態度、教養技巧，以及個別狀況而定。

兩種選擇的優缺點：不論選擇在職還是在家，父母都有一本難念的經。不管孩子在什麼樣的環境成長，都不可能成為完美無缺的小天使，也不會變成一無是處的小惡魔。所有決策、環境各有其優缺點，不過對父母而言，協助孩子成長同樣都是無邊的挑戰，同時也會帶來無盡的喜悅。最佳解法是跟隨你的心，盡可能吸收相關知識，然後努力做到最好。記得把所有狀況（包括你和孩子犯的錯誤）都當成學習機會。

當然，有些父母別無選擇，必須工作養家。一如前文所述，面對無法改變的情況，愧疚感完全沒有任何幫助。唯有充分瞭解現況，選擇對全家人最有利的做法，才能幫你解決問題。只要發揮判斷力和創造力，你一定也辦得到。接下來要和各位分享的，是我們在《單親家庭的正面管教》一書中也講過的故事。這是一位在職單親媽媽的例子，她在摸索如何與孩子合作的過程中，逐漸學會不要愛得太多，要拋開愧疚感。現在工作能加深她們彼此的信心，不再害得親子雙方都備感挫折。

珊蒂在家裡當保母，她是單親媽媽，自己有兩個小孩，四歲的凱爾和六歲的喬伊。她向親職團體求助，泫然欲泣地告訴大家，她努力想在家經營托育事業，喬伊卻快把她逼瘋了。「他欺負年紀比他小的小朋友，打他們，搶他們的玩具，還用髒話罵人。他還會跟年紀大的孩子打架，搶著用各種設備。喬伊在學校、在朋友家都沒有類似問題，他只會跟我使壞。他壞到我想終止托育事業，專心給他需要的照顧。我想，也許要喬伊接受媽媽當保母太困難了，畢竟我是單親媽媽，他更不想和這麼多小朋友分享自己的媽咪。他總是說我不公平。」

珊蒂繼續分享她的情況。她告訴喬伊，六月她就會停止保母工作；時間不能再提早了，因為家長把孩子託付給她，她就有義務做到期滿，而且她也需要這份薪水養家。珊蒂還不確定辭去保母工作後該怎麼賺錢，但喬伊是她最優先的考量。

家長課講師問她：「妳想放棄托育事業嗎？」

面對無法改變的情況，愧疚感完全沒有任何幫助。

珊蒂的語氣裡帶點憤怒。「當然不想，我很喜歡這份工作，但喬伊更重要。我想維持和諧的親子關係，而且我也擔心他的自尊心因此受損。」

講師接著問，「如果有辦法讓妳繼續當保母，又能撫平喬伊的情緒，妳願不願意聽聽看？」

珊蒂毫不猶豫地回答：「當然願意！」

「好，」講師說，「我們先檢視一些基本問題，再來提供建議。妳有沒有辦法無悔地放棄托育事業呢？」

珊蒂想了想。「不，大概沒辦法。畢竟我選擇這個職業，就是想一邊賺錢養家，一邊待在家裡陪伴自己的孩子。我是為了孩子著想才這麼做，但是喬伊不理解，也不珍惜。」

「誰在這個家裡有這麼大的主宰權，能逼得妳在不情願的狀況下放棄保母工作？」講師問。

「嗯，當然是喬伊。」珊蒂聳聳肩。「我知道這樣很不健康，但我不知道還能怎麼辦。他顯然需要更多關注。」

講師繼續說下去，「如果讓喬伊用情緒控制妳，妳覺得他會從中學到什麼訊息？」

珊蒂露出疲倦的笑容。「他會覺得以後在家都可以當小霸王——沒錯，這就是我現在的感覺。我覺得好困惑。我愛喬伊，也想當個好媽媽；但如果遷就於他，為他放棄自己喜歡的工作，我心裡又會不平衡。在家當保母對我來說是完美的工作，既能賺錢，又不必離開孩子。這原本是我的夢想，現在卻成了一場惡夢。」

講師轉向親職團體中的其他家長說道：「現在是腦力激盪的時間了，看看我們能幫珊蒂和喬伊想到多少點子吧。」

家長們紛紛幫忙出主意，寫滿了一長串的清單，他們邀請珊蒂挑一個感到最自在的方法執行。不過，值得參考的好點子實在太多了，所以珊蒂選了不只一個：

1. 挑一個心情平靜的時機，運用「贏得孩子的合作四步驟」和喬伊談談。（我們馬上就會解釋這四個步驟。）
2. 允許喬伊擁有一些不必跟別人分享的東西。
3. 為喬伊安排和媽咪相處的「特殊時光」（凱爾也一樣）。
4. 給喬伊分配一些工作，讓他感受自己對家裡的貢獻，又能趁機賺點零用錢。
5. 讓喬伊一起想辦法解決問題，建立歸屬感和價值感。
6. 找一個面臨類似情況的人尋求幫助，汲取對方的經驗。

珊蒂先從最後一個建議開始著手。她打電話給托育協會的貝蒂，和她討論自己的問題。

貝蒂聽了大笑道：「真高興我已經撐過了那個階段！孩子還小的時候，我也有同樣的問題，我覺得這很正常。要孩子跟別人分享媽咪實在太難了，不論是不是單親媽媽都一樣。當時有兩個做法對我很有幫助。第一，我不會隨著孩子的『不公平』起舞，所以他們無法用這句話綁架我。不過，我還是允許他們擁有一些只屬於自己的玩具，這些玩具他們不用跟其他小朋友分享。第二件事是，我會讓孩子知道，我能賺錢維持理想生活，同時又可以陪伴自己的小孩，實在太幸福了。這麼做可以讓孩子不只看見問題，同時也知道這件事為他們帶來的好處。」

聽完貝蒂的話，珊蒂得知這個問題很正常，也不是單親媽媽特有的情況，不僅大受鼓舞，心裡也鬆了一口氣。所有孩子都需要父母關注，但現在珊蒂想通了，她用這種方式關注喬伊，會鼓勵孩子以不健康的手法控制爸媽。她也發現自己落入了「愛太多」的陷阱，只因為家裡沒有爸爸，她總想「彌補」孩子。她拋開這種想法，同時也拋開了隨之而來的愧疚感，頓時寬心不少。

珊蒂一向希望能在工作的同時，兼顧與孩子相處的時間；和貝蒂聊過之後，她更肯定自己的方針沒有錯。貝蒂當保母的收入，不僅足以供她與孩子在家生活無虞，甚至還有錢供孩子念大學。貝蒂說：「當然，過程中還是有些小問題，紛爭也在所難免，但哪個工作有辦法完全不出問題？對我來說，當保母帶來的好處遠大於壞處。」

向人求助的過程中，珊蒂學到她得先斟滿自己的杯子，獲取足夠的力量和鼓勵，才能把孩子的杯子也裝滿，然後一起解決問題。現在，她終於拋開了不恰當的愧疚感，準備好和喬伊一起尋找正面的解決方法。珊蒂打算從「贏得合作四步驟」開始。

贏得合作四步驟

1. 走進孩子的世界，猜測孩子現在的感受。如果猜錯了，再試一次。（第十三章會進一步探討如何走入孩子的世界。）
2. 表示理解。告訴孩子你在哪些情況下也會產生相同感受，有時候這招很有效。
3. 詢問孩子是否願意傾聽你的感受。孩子感覺到自己受人理解，而且也同意傾聽的時候，更容易聽進爸媽說的話。
4. 一起思考解決辦法。孩子的感受充分獲得理解、傾聽之後，也更樂意合作解決問題。

珊蒂和貝蒂聊完，掛了電話，很高興發現喬伊還醒著。凱爾已經睡了，這是嘗試「贏得合作四步驟」的完美時機。一開始，珊蒂先問喬伊：「寶貝，趁我們準備睡覺的時候，要不要跟媽咪聊個天？現在只有我們兩個人，媽咪有特別的話要跟你說。」

「好。」喬伊回答。

珊蒂繼續說下去：「我在想，媽咪在照顧其他小朋友的時候，你是不是覺得我不重視你？」

一語中的，喬伊生氣地說：「我的東西全部都要給別人用，不公平。」

珊蒂專注於反映、肯定孩子的感受。她表示自己也理解這種感覺，說了自己的故事給喬伊聽。「我懂你的感覺。記得我還小的時候，媽媽總是強迫我把所有衣服都跟妹妹分享，就連我最愛的洋裝都要給妹妹穿，那種感覺真的很討厭。現在媽咪知道了，我想對其他小朋友公平一點，但是這樣卻對你很不公平。你已經跟媽咪說你不想讓其他人用你的餐桌椅，但媽咪還是強迫你跟其他小朋友分享。對不起，媽咪沒有體諒你的感受，從現在開始，媽咪會努力做得更好。」

喬伊覺得自己受到了理解。看見媽媽坦然認錯、道歉，深深感動了喬伊，他忍不住哭了起來。「媽咪對不起，我這麼壞。」孩子受人理解時，常會因為感到安慰而哭泣。只要父母勇於為不尊重的行為負責，孩子也會以父母為榜樣，承認自己的過失。

珊蒂安慰喬伊：「寶貝，你一點也不壞，只是我們都做錯了一些事情。我們可以一起想辦法解決問題。不過，你願意先聽聽媽咪的感覺嗎？」

喬伊吸了吸鼻子，說：「好。」

珊蒂把喬伊攬到身邊。「對媽咪來說，你比什麼工作都重要。媽咪很想繼續當保母，這樣媽咪才不用離開家去工作。媽咪很喜歡在工作的同時陪著你和凱爾，你能不能幫媽咪想點辦法，讓我們一起達成這個目標？我知道你有很多好點子，以前媽咪都不知道，現在媽咪會好好聽你說。也許你也可以聽聽媽咪的點子。我們去拿一張紙，把解決辦法寫下來好不好？」

喬伊破涕為笑。「好！」

珊蒂和喬伊一起想了以下的計畫：喬伊和媽媽每天有十五分鐘的特殊時光，這段時間媽媽不講電話，也不受弟弟或其他孩子打擾。喬伊也認為，凱爾應該享有一樣長的特殊時光，全家人會一起在家庭會議中安排時間表，也會討論兄弟倆其中一人在和媽媽相處時，另一個孩子可以做些什麼事。喬伊非常樂意幫媽媽的忙，為自己多賺一點零用錢。討論後決定，喬伊負責幫小朋友們準備午餐，每天可以賺到兩塊美金。他還自願幫媽媽做其他雜

懊悔和愧疚不一樣。如果懊悔能刺激你重新檢視自己的處境，從錯誤中學習，這份懊悔就是有用的。

事，例如收拾玩具。母子倆也達成協議，餐桌椅是喬伊的東西，除非經過喬伊同意，否則其他人不能擅自使用。最後，媽媽和喬伊說好，以後要是有什麼事鬧得他們不開心，他們會好好商量，一起想辦法解決問題，讓每一個家人都受到尊重。

珊蒂下一次來到家長課的時候，高興的心情全寫在臉上。「真不敢相信，這些辦法實在太管用了！現在喬伊主動幫我的忙，而且他對自己的表現很滿意，再也不找其他孩子麻煩了。他還在家庭會議上告訴弟弟他們有多幸運，因為媽咪能在家工作陪他們。讓喬伊一起解決問題之後，他幫我想出了這麼多好點子。我好高興，我終於可以告訴喬伊我有多愛他，而且他也聽得進我說的話了。謝謝你們！」

珊蒂成功把這個「惡夢」變回美夢。她用對了方法，把問題轉變成學習的契機，珊蒂和喬伊都學會了傾聽、合作、解決問題的技巧。如果珊蒂沒有走出輸贏之爭，這件事不可能如此圓滿落幕。不論最後爭「贏」的是喬伊還是珊蒂，都得委屈另一方，並不是健康的解決方式。父母如果學著和孩子站在同一陣線，「贏」得孩子的配合，自然不必以控制解決問題。

跟隨你的心

愧疚無法幫助任何人發揮理想能力，但它可以是一種警訊，提醒你檢視自己的感受，衡量自己的選擇是否合宜。你想出外工作還是待在家裡？目前的條件是否允許你在家照顧孩子？如果真的想待在家，不妨大膽跟隨你的心，盡一切所能實現夢想：勒緊褲帶，刪減預算，專注於教育孩子，犧牲一點物質上的享受。如果你需要賺錢養家，那就想辦法在家工作。反過來說，如果你屬於成天待在家會悶壞的類型，或是工作性質必須外出，你大可拋開愧疚感，為孩子找個品質優良的托育管道，並採用本書中的其他教養建議。

有時候，我們以為自己覺得「愧疚」，其實是感到「懊悔」。愧疚代表你認為自己應該對目前的狀況負責，但懊悔只是對現況的感傷，其中沒有亟欲「矯正」現況的情緒。我們難免希望人生中某些境遇能有所不同。懊悔並不好受，但它不同於愧疚；如果懊悔能刺激你重新檢視自己的處境，從錯誤中學習，這份懊悔就有其用處。而且，即使心裡感到懊悔，你仍然可以選擇教養孩子的方式，鼓勵孩子發展出良好的態度和能力。愧疚和懊悔都不影響你做出最好的教養決策，你的決定會成為灌溉孩子的養分，幫助最愛的孩子成長茁壯，長成你心目中理想的好青年。

第7章

為什麼父母老是用無效的教養方法？

不少人都聽過這句玩笑話：發瘋的定義是重複做同樣的事，卻期待出現不同的結果。然而，符合以上描述的管教方法卻比比皆是。比方說，有位媽媽問學校老師：女兒上周被禁足，卻不肯乖乖待在家，這樣應該罰她禁足多久才有效？至於那些沒有考慮長期影響的父母，則陷入另一種瘋狂——他們採取的教養方式，會教出與理想全然相反的孩子。前面幾章討論過「愛太多」的管教方式，不僅孩子無法從中感受到愛，也無法引導孩子建立必要的技能和自信，迎向快樂、豐富的人生。愛太多的教養方式，通常也無法改善孩子的行為問題。既然如此，為什麼還有這麼多父母繼續採用瘋狂的做法呢？

學者們已經做了大量研究，探討懲罰、獎賞、縱容這三種教養方式造成的長期影響。結果一致顯示，這三種方法皆無法為孩子帶來正面影響。既然如此，為什麼立意良善、愛子心切的父母們仍然前仆後繼地用這些方法教養孩子？接下來，我們會探討一些可能的原因。

為何一再使用無效的教養方式？

- 學者的研究結論深藏在學術期刊當中，普羅大眾少有機會閱讀。
- 父母缺乏兒童發展、親職教育、教養技巧等相關知識，不知道該用什麼方法幫助孩子培養成功所需的觀念和能力，長期下來才會有成效。

- 家長只看見孩子的「行為」，沒有意識到背後造成行為的「想法」。
- 許多「親子專家」大肆宣揚懲罰與獎賞的效果。
- 少數「專家」提倡溺愛孩子的好處。
- 家長覺得「我從小被打到大，現在還不是好好的」。
- 家長跟隨「危機心理」行動：他們無暇考量長期後果，只能採取現階段有效的做法。
- 父母沿用（或發誓絕對不用）上一輩的方法管教孩子。
- 父母受情緒影響，失去正常判斷能力。可能有兩種情況：第一，孩子觸發父母的「開關」，父母在盛怒中回應，無暇多加思考。第二，孩子遭受身體或心靈上的磨難，父母出於同情心行動，沒有考量長期影響。

且讓我們進一步剖析上述幾個原因，來探究父母究竟為什麼持續用無效的方式教養孩子呢？

原因1：學者的好建議，深藏在研究期刊當中

大多數採用懲罰（過度控制）、獎賞來管教孩子的父母，都相信這些管教方式可以促使孩子改善行為，否則父母不會採行這種方法。（前幾章當中，我們討論了拯救和操控孩子的傷害，這一章則會聚焦於懲罰與獎賞造成的傷害。）研究已經證實，懲罰和獎賞都無法帶來長遠的正面結果，相關研究很多，要花上數年才讀得完。艾菲．柯恩（Alfie Kohn）在其著作《獎賞的懲戒》（Punished by Rewards，Houghton Mifflin 出版，一九九三，頁四二～四五）當中整理了不少相關研究的梗概，我們強力推薦各位一讀。柯恩在書中提到幾個研究計畫，都證實獎賞其實會減損孩子的表現；為了獲得獎賞而行動的孩子，在完成課題的過程中反而犯了更多錯誤，表現不如沒有獎賞、但知道努力會帶來什麼成果的孩子。

讚美有如一頭「金牛犢」，成千上萬的父母爭相膜拜，卻沒有仔細檢視它的長期影響。讚美究竟是鼓勵孩子肯定自我價值，還是鼓勵孩子倚賴他人的意見，盲目追求別人的肯定？[1]用常理推斷，不難得知這個核心問題的答案。

以懲罰管制孩子的行為，並沒有比讚美好多少，甚至可能帶來更糟的結果。父母通常是真心愛孩子，才選擇懲罰並嚴加管教。他們相信處罰可以教孩子學習良好的行為。柯恩再次一語道破問題：

> 令人憂心的是，獎賞和懲罰無法幫助孩子發展出價值觀和技能，最糟的情況下，

甚至會對孩子造成無法抹滅的傷害。獎賞和懲罰只能迫使孩子暫時屈服，讓父母一時獲得了孩子的服從。如果我們說獎賞和懲罰「有效」指的是這個效果，這兩招確實立刻見效。但是，如果家長在乎的是孩子未來的發展……則沒有任何一種行為操控式的管教，能鼓勵孩子成為熱心、負責的人。（頁一六〇）

懲罰會造成什麼長期影響？早有大量的研究證實，體罰（亦即傳統打罵教育）教出的孩子，比未經體罰的孩子更具攻擊性。新罕布夏大學家庭研究實驗室（University of New Hampshire Family Research Laboratory）的莫瑞．史特勞斯教授（Murray Straus），曾經主持一項長期研究，追蹤幾個體罰的家庭。這些家長都是慈愛、勤懇的人，體罰只用於管教孩子的不當行為。史特勞斯發現，隨著時間推進，倚賴體罰和其他處罰方式管教小孩的家庭，回報的行為問題和頂撞情形越來越多。在體罰中成長的孩子，成人後選擇暴力伴侶的

許多研究早已證實，體罰教出的孩子，比未經體罰的孩子更具攻擊性。

傾向也較為明顯。體罰在無形中灌輸給孩子的觀念是：面對比自己弱小的人，用暴力表達憤怒和不滿也沒有關係。

原因2：父母缺乏相關知識，沒有實戰技巧，也沒有用常理判斷

我們常問父母，他們會不會在完全沒有相關訓練的情況下，從事某項工作？大家一致回答：「當然不會。」所有人都同意，不論你的志業是泥水匠還是腦外科醫生，都必須接受相關教育及訓練。我們也從來沒聽過有人說：「我爸媽沒接受過怎麼當父母的教育訓練，但他們還是做得很好。」（不過，近來我們倒是發現，有些人從小被愛太多的父母帶大，長大成人之後接手家族事業，卻毀了家業，因為他們不願意或不知道該如何像父母那樣努力工作。）

我們常會接著問：「世界上最重要的工作是什麼？」所有人一致同意，正是為人父母，養育孩子。既然如此，擔負這麼重要的工作，卻不需要任何教育和訓練，合理嗎？

只要上一堂兒童發展的基礎課程，就足以防止父母犯下極端管教的典型錯誤。例如，父母叫兩歲大的孩子去罰站，總不忘加一句：「你去好好想想剛剛做了什麼！」家長說這句話是出自於愛，希望藉此教導孩子正確的行為。顯然，家長希望兩歲大的孩子冷靜反省

自己所作所為，看清自己犯了什麼錯，發願今後當個好孩子。

要是父母對兒童發展有基本的認知，就會知道這種期待不太實際，因為兩歲兒童尚未發展出推論能力——三歲以下的孩子，很難像大人一樣理解因果關係，也不瞭解自己的行為和後果之間有什麼關聯。可惜大多數父母卻不知道這件事。我們常接著問父母：「你真的覺得，我們有辦法控制孩子心裡想什麼嗎？」父母聽了總是一臉懊惱。我們不可能控制別人心裡的想法，不管對方年紀多小都一樣。

良好的親職教育可以幫助家長走入兩歲孩子的世界，體驗孩子可能產生的想法。每個孩子都獨一無二，所以可能性不只一種；不過不難想像，孩子遭受處罰的時候，可能會感到困惑，產生叛逆的衝動，或是貶低自我價值。愛子心切的父母想必不希望孩子產生這種感受，何況這些情緒也無法提升孩子的歸屬感與價值感，對心理發展沒有幫助。家長若缺乏兒童發展的知識，也沒有運用常理判斷，容易只看到表面上的行為，以為罰站可以停止孩子胡鬧，卻沒有思索處罰造成的長期影響。

有位父親缺乏兒童發展的基本概念，他帶兩歲半的兒子去看籃球比賽，覺得這是疼愛孩子的表現（他可能沒想過，這麼小的孩子對籃球有沒有興趣）。結果到了球場，孩子只對走道上四處兜售的零嘴感興趣，他不斷哀求、撒嬌，要爸爸買零食。這是兩歲半小朋友的正常行為，但爸爸不理解，只覺得十分惱火。他一直叫兒子「坐好」、「安靜」，僵持了幾分鐘後，他終於忍無可忍，抓住兒子的手，邁開大步走下寬闊的水泥階梯，一路把兒子拖出球場。小男孩的雙腳幾乎離開了地面，臉上滿是恐懼。

這個小朋友無法理解發生了什麼事。他的「罪名」是對籃球沒興趣，滿腦子只想著爆米花和汽水——以這個年紀的兒童來說，這完全是正常的反應（雖然十分惱人）。這位父親固然愛孩子，但他不瞭解孩子發展上的侷限，他試著控制孩子的行為，最後大發雷霆，嚇壞了心愛的兒子。小男孩大概有很長一段時間都不敢再跟爸爸一起去看球賽了。

另外一位爸爸帶著全家人到戶外汽車電影院看電影。過了一個禮拜，全家又開車經過這間露天電影院，聰明的兩歲小兒子記得這個地方，開心地說：「我們昨天晚上有來這邊。」爸爸說：「不是昨天晚上，我們是上禮拜來的！」爸爸馬上停車，打了小朋友一頓，因為他疼愛兒子，不希望他長大變成愛說謊的騙子。許多家長處罰孩子，往往是因為不瞭解兒童發展上的限制，想來實在令人痛心。父母若能瞭解孩子的發展過程，更容易把需要的知識教給孩子，也更容易肯定孩子現階段掌握的技能。

父母不瞭解孩子各個發展階段的正常行為，不免犯下這些「瘋狂」又令人不捨的管教錯誤。我們強烈建議每位家長都到社區大學修習基礎兒童發展課程，或是挑選一本兒童發展書籍閱讀。[2]

原因3：只看見孩子的「行為」，沒看見背後的「想法」

人的行為背後都有個原因，不會無中生有。然而，大多數的理論家和父母只看見孩子的行為，想要改變、控制這表面上的行為，卻鮮少思考孩子背後的想法。先幫助孩子改變造成特定行為的觀念、想法，接下來要改變行為就容易得多了。被溺愛、懲罰的孩子，心裡對自己、對別人會形成什麼觀念，又會認為怎麼做才能獲得歸屬感與價值感？我們只能猜想。但這些孩子通常無法形成社會情懷，缺乏關懷他人、為人奉獻的熱情。孩子不懂無形中奠定的觀念會造成什麼長期影響，但父母必須為孩子考慮。

接下來幾章會提到，**孩子的行為是一種「密碼」，表現出他們對自己和他人的想法，也表現出自己的需求和觀念**。如果孩子用不當行為吸引父母的注意力，或是想控制爸媽達成目的，此時有智慧的父母會給孩子一些不一樣的經驗，改變孩子的觀念，引導孩子用正向、合適的方式找到自己的歸屬感與價值感。舉例來說，孩子若以不當行為吸引爸媽的注意力，不妨讓孩子幫忙做一些簡單的家事，例如拿尿布、做晚餐（即使是還在學步的幼兒，也可以在家長輔助下幫忙撕生菜、打蛋），任何讓孩子感受到自己有所貢獻的家事都可以。關鍵在於，注意孩子在生活中做出了什麼決定、形成了什麼觀念，因為這些觀念會形塑孩子的人格。

阿德勒在其著作《問題兒童》（The Problem Child，Capricorn 出版，一九六三）當中，認同大多數兒童發展學家的看法：四至五歲的階段會形塑孩子的人格（「生活型態」）。不過對於形塑人格的「方式」，阿德勒的見解與其他學者有所不同。阿德勒認為，「遺傳與環境就好比砌牆的磚塊，個體在這兩項基礎上，透過自己對經驗的詮釋、判斷，建構出適應生活的獨特方式」。至於問題兒童，阿德勒則這樣說：「大部分的孩子都被寵壞了，約有百分之五十至六十的孩子養成了依賴的性格，這數字絕不誇張」。

許多四歲大的孩子已經開始認為「我才是家裡的老大」，這個現象普遍得令人匪夷所思。阿德勒學派的心理學家採用「目標揭示」（goal disclosure）這個方法，一次又一次證實了孩子心裡的想法。當孩子以不當行為與家長對抗時，心理學家會問小朋友：「你這樣做，是不是想要爸爸媽媽注意你、關心你？」如果孩子的目的是吸引爸媽的注意力，很可能一邊咧嘴笑，一邊說「不是」。這種反應稱為「承認反射」（recognition reflex），代表你說中了孩子潛意識中的行為目的。如果不當行為的目的並不是為了吸引爸媽注意，孩子回答「不是」的時候就不會笑。

心理學家接下來會問：「你做這些事情，是不是要告訴爸爸媽媽你才是家裡最厲害的人，沒有人可以命令你？」同樣地，孩子也可能反射性露出微笑，嘴上回答「不是」。最近的一次類似研究中，一名四歲大的女童甚至沒有否認這件事，她愉快地笑說：「對，沒有人可以命令我。」心理學家建議女童的父母，不妨給孩子一些機會善用她的力量，例如在家庭會議中，讓孩子腦力激盪，幫全家人解決問題。如此一來，孩子才有機會做出新的決定，改變自己找到歸屬感、價值感的方式。接受「專家」提出的教養方法之前，真正關心孩子的父母會先思考：孩子會因此培養出什麼觀念？

原因4：所謂的「專家」鼓吹懲罰與獎賞

許多「親子專家」鼓勵父母用處罰與獎賞管教孩子，雜誌、書籍中充斥著他們的教養建言，出發點大多是「愛」。他們的動機確實令人激賞，從來沒有一位「專家」叫父母不要愛孩子；提倡懲罰的人打從心底相信，這是教導孩子學會守規矩的最佳管教方式。雖有許多研究證實懲罰會傷害孩子，但也許這些專家沒讀過或是不相信這些研究的說法。

在本書當中，我們不斷鼓勵父母自主學習，多加探索各類研究、管教方式、兒童發展知識，再運用自己的智慧和常理判斷，走進孩子的世界，思考父母的行為會對孩子造成何種長期影響。孩子是你的骨肉，你比誰都瞭解自己的孩子；而且父母遲早必須想清楚，自己究竟希望孩子發展出什麼樣的人格、形成什麼樣的價值觀念。等你累積了足夠知識，瞭解兒童的發展過程和行為，而且勇於跟隨自己的智慧和常識判斷，你會把這個重大的職責做得更好。

心理學家艾利克・艾瑞克森（Erik Erikson）於其著作《童年與社會》（Childhood and Society，Norton 出版，一九六三）提出一套社會與心理發展理論，廣受兒童發展學家認同。艾瑞克森在該理論中指出，嬰兒生命中的第一年，是決定發展出信任或不信任感的關鍵時期。我們猜想，某些親子專家也許誤解了這個理論，才會鼓勵父母溺愛孩子。[3]

艾瑞克森說，嬰兒的基本需求必須獲得滿足，才能發展出信任感，否則會發展出不信任感。也許父母和專家誤解了「基本需求」的定義，把孩子「想要」的東西也算在基本需求內，才會造成這些問題。

原因5：少數「專家」提倡溺愛

親密育兒法的擁護者（代表人物是第五章提到的希爾斯醫生）相信，親子共寢有利於孩子的身心發展，這些父母會回應孩子的每一聲哭泣，隨時將孩子背在身上或抱著孩子，認為一定要有一位家長留在家中，滿足孩子的所有需求。孩子為一點小事鬧脾氣，家長立刻上前安慰孩子；殊不知父母若能信任孩子平復情緒的能力，對孩子的發展反而比較有幫助（當然，前提是記得換尿布、餵奶、抱抱孩子，滿足基本需求）。

大部分人都覺得，如果有人願意滿足我們的所有物慾，為我們解決所有問題，那該有多好啊！但是，那種環境對我們真的有好處嗎？在那種世界裡，人們該如何發展出競爭力與自信心？筆者認為，孩子的所有慾望都獲得滿足，並不會因此發展出信任感，反而會對自己缺乏信心，發展出依賴他人的性格。

再來討論親子共寢的議題。父母如果用充滿自信的心態選擇親子共寢，而不是被動接受孩子執拗的要求，孩子也更容易跟著培養出自信心。根據艾瑞克森的理論，「父母的自信」也是孩子發展出自信心的主要決定因素。

極端主義與歧異的現實

大部分教養專家似乎缺乏對其他意見的尊重，不論鼓吹的是溺愛或是操控皆然。希爾斯醫師的支持者對親密育兒法的效果深信不疑，嚴詞辱罵其他教養方式；另一派的人則出言詆毀親密育兒法的擁護者。各個群體都相信自己的教養方針最有效，但這兩種方式都可能缺乏效果，甚至傷害孩子。其中一方恐怕走向過度放縱的極端，另一方則可能落入過度控制的陷阱。兩個群體互持相反意見，他們對彼此各有什麼話要說？

親密育兒派的主張：這一派人對親密育兒法情有獨鍾，批判其他的教養方式都不親密，「那些做法造成了父母和孩子之間的距離，甚至鼓勵親子對立，反對父母採取最自然、慈愛、本能的方式教育孩子。」[4]他們援引世界各地較原始的文化為例，說明這些文化中的父母依循本能採取「親密」的方式帶孩子（或是以早年社會為例，當時空間與資源的限制，使得全家人必須睡同一張床），認為這種教養方式才是所有父母的楷模。

過度控制派的主張：這一派人把控制和「權威」奉為教條，堅持父母一旦滿足孩子的所有要求，就會養成驕縱成性、自我中心的孩子。被寵壞的孩子會相信自己「理所當然該過好日子」，成天牽著父母的鼻子走。艾蓋瑞（Gary Esso）與羅勃・貝南（Robert Bucknam）合著的教養書《從零歲開始》（On Becoming Babywise，Multnomah 出版，一九九八。中文版中國學園傳道會），認為新手爸媽應該嚴格控制餵奶時間，孩子真的餓了才餵，而不是孩子一要求喝奶就餵。書中也主張採用體罰，認為把幼童打到屁股痛是完全正當的管教方式。

> 孩子不會因為所有慾望都獲得滿足而發展出信任感。

真相想必介於兩個極端之間。大多數人只要用常識想想，都知道健康的愛應該落在這兩種極端管教法之間的某處。父母可以疼愛小嬰兒，可以抱著寶寶，甚至可以在孩子想喝奶的時候隨時哺餵，但不需要極端到跟孩子睡同一張床，也不必二十四小時把寶寶背在身上。大多數幼兒都能接受全家人一起安排的日常慣例表，也能在遵守規矩的過程中發展出安全感和社會情懷，但恐怕難以適應艾蓋瑞和貝南書中提出的嚴格時間表。希爾斯醫師認為，哭泣是孩子唯一的溝通管道；艾蓋瑞和貝南則主張，嬰兒哭泣是為了控制爸媽。真相有沒有可能介於兩者之間？孩子哭泣有時候是為了表達飢餓、想換尿布、想抱抱，有時候則是代表孩子需要練習安撫自己的情緒。（當然，萬一爸媽太早出手救援，這時孩子學會的往往是控制爸媽的技巧，而不是平復情緒的能力。）

綜合採納「親密派」與「控制派」觀點的爸媽，似乎聽得出寶寶的哭聲是否要表達生理需求，也知道孩子是不是想控制爸媽。這些父母運用兒童發展、研究論文、親職教育提供的知識，跟隨自己的心，而非選擇極端的教養方式。他們傾聽、觀察孩子的行為，注意

父母不妨運用兒童發展、研究論文、親職教育提供的知識，跟隨自己的心，不必盲目跟從極端的管教方式。

孩子形成了哪些觀念，又決定如何追求歸屬感以及價值感。有智慧的父母學會捫心自問：「如果我這麼做，孩子會學到什麼觀念、做出什麼決定？」這些父母熟知自家孩子的性格、脾氣，瞭解各個發展階段中正常的行為表現，妥善運用常理判斷，因此得以評估教養方針產生的長期影響，為健康的愛打下深厚的基礎。

一般來說，在我們舉出論據，反對放縱、懲罰的教養方式，鼓勵父母們「思考」長期影響之後，父母往往會舉出另一個論點加以反駁。

原因6：「我從小被打到大，現在還不是好好的！」

什麼叫做「好」？「好」是相對的標準。沒錯，長大成人之後，大部分的人還是「好好的」。現在回想起兒時遭受的懲罰，我們甚至可以一笑置之，認同自己小時候根本活該。然而，如果我們能從錯誤中學習教訓，而不是由大人強迫我們付出代價，現在的我們有沒有可能變得「更好」？

在家長課中，史丹向大家分享他五年級時作弊的故事。他說：「我那時候真笨，我把答案寫在手心上，打開拳頭抄答案的時候被老師抓到了。」老師一把抓起史丹的考卷，當著全班同學的面撕成碎片。那次考試史丹不及格，而且同學從此都笑他是「作弊鬼」。老師把這件事告訴史丹的父母，史丹挨了爸爸一頓鞭子，還被禁足一個月。史丹說，「從此以後，我再也不敢作弊了，而且不及格也是我活該。」

家長課中的帶領人幫助史丹探索這次經驗，和所有人一起思考是否能以更好的方法處理類似事件。

講師：大家都同意，史丹本來就該拿 F 嗎？

眾人：對。

講師：這個成績是不是足以讓史丹學到教訓，理解自己的選擇造成的後果？還是說，大家覺得他仍然需要接受處罰？

眾人：嗯……

講師：史丹，你自己覺得呢？你作弊之後拿了 F 的感覺如何？

史丹：我覺得很內疚、很羞愧。

講師：拿了 F 讓你學到什麼教訓？

史丹：我學到再也不要作弊了。

講師：接受懲罰之後，你又產生了什麼想法呢？

史丹：我覺得我讓爸媽失望了。我現在還是擔心他們會對我失望。

講師：那麼，處罰對你有什麼幫助嗎？

史丹：嗯……接受處罰之前，我已經決定不再作弊了，這件事帶來的罪惡感和羞愧感已經讓我嘗到教訓。擔心父母失望，則是成了我心裡的重擔。

講師：如果你有一支魔杖，可以改變那次事件的劇本，你會如何改寫它？你會如何改變別人的話語或行動？

史丹：呃，我會選擇不要作弊。

講師：然後呢？

史丹：我也不知道。

講師：其他人有什麼想法嗎？沒有情緒的旁觀者比較容易看見其他可能性。事件發生的時候，史丹的老師和父母該怎麼做，才能展現健康的愛？

團體成員：我是老師，這個例子對我有很多啟發。老師發現史丹作弊的時候，可以把他帶到一旁，問他為什麼要作弊。

講師：史丹，你會怎麼回答呢？

史丹：我會說，因為我想通過考試。

團體成員：我會先肯定他想要通過考試的上進心，接著再問他：你覺得用作弊的方式達成這個目標好不好？

史丹：我會保證再也不作弊了。

團體成員：接下來我會告訴他，這次考試他得拿 F 了，但我很高興看到他學會不再作弊。然後，我會請他提出一份計畫，說明他會怎麼準備下一次考試。

史丹：作弊仍然讓我感到慚愧、丟臉，但我同時也會感激老師溫和、堅定的態度。現在我知道這是什麼意思了。

講師：現在，你有沒有想到該怎麼用魔杖改變父母當初的做法？

史丹：我希望爸媽注意到我有多愧疚、多羞恥，這對我來說是一次血淋淋的教訓，也許他們可以表達一點同情。接著，爸媽也許可以表明對我的信任，相信我能從這次經驗中學習，將來不再重蹈覆轍。爸媽也可以向我保證，不論發生什麼事，他們都一樣愛我，只是希望我未來不要讓自己失望。哇，這概念真了不起——不讓自己失望，而不是擔心父母失望。這種想法很激勵人心。

關於健康的愛，上面記載的討論指出了幾個要點：

1. 健康的愛，不代表「放過」孩子不恰當的行為。
2. 健康的愛，意味著父母以支持的態度，幫助孩子探索行為的後果，促進孩子持續成長、學習。

3. 大多數人就算小時候受過處罰，長大還是會「好好的」——但如果當時身邊的大人能給予無條件的愛，保持溫和且堅定的態度，引導孩子從錯誤中學習，犯錯帶給我們的收穫也許會更豐碩。

長大之後還「好好的」並不是討論重點，因為我們永遠都有進步空間，「好」還可以「更好」。這個世界的變動不曾稍停，孩子和家庭型態都隨著時代不斷演變，父母也必須與時俱進，尋找比上一輩更有效的教養方法。只是「好好的」無法滿足愛得健康的父母；他們希望善盡栽培之責，讓孩子綻放出最大的潛能。

原因7：家長陷入「危機思考」

家長之所以持續用無效的方式管教孩子，還有一個原因：危機一個接著一個襲來，父母疲於奔命，只能用當下有效的方式解決問題。例如許多父母溺愛孩子、遷就於孩子的要求（或是處罰孩子），是因為這些方法立即見效。畢竟只要順著孩子的意思，或是動手處罰，大部分的小朋友都會停止哭泣、不再胡鬧。差別在於，當下立即見效的方法，通常無法把父母真正想表達的訊息教給孩子。「危機思考」迫使父母迅速處理狀況，無暇考慮長期影響，也沒有思考孩子在管教中形成的觀念，以及將來這些觀念會如何影響孩子的行為。

原因8：父母沿用（或發誓絕對不用）上一輩的方法管教孩子

第十一章我們會深入檢視這個問題。大多數人對上一輩的教養方式都有明確的好惡。如果喜歡父母帶大自己的方式，就算這種教養方式不健康，他們依然會採取相同做法。不喜歡上一輩教養方式的人，感受則複雜許多。太多父母發下毒誓，絕不會用老一輩那套方法管教孩子，絕不讓自己的悲劇在孩子身上重演；問題在於，這些父母往往選擇了另一種極端的教養方式。如果上一輩對孩子太苛刻，他們往往太過寬容。極端的管教方式，對孩子的發展幾乎沒有正面影響。

原因9：父母受情緒影響，失去正常判斷能力

愛是一種強烈的情感，能推動無數的人類行為。我們反覆提到，「愛」同時也是父母不斷使用無效管教方式的主因之一。一旦受到情緒影響，父母往往會採取極端的反應。

首先，父母的「開關」被打開時，很可能不經思索以憤怒回應。父母都有開關，這開關在哪裡、該怎麼按下去，孩子瞭若指掌。開關被打開的時候，父母立刻倒退到原始腦，切換到「戰或逃」的生存模式，旋即失控。過去累積的所有教養知識、冷靜時可能採取的反應，這時全部煙消雲散。原始腦又稱為爬蟲腦，許多爬蟲類會吃掉自己的幼崽，想起這點也許可以讓衝動的父母稍微冷靜一下。這種狀態下的父母立刻暴跳如雷，把孩子也捲入同一種心理狀態之中；當親子之間唯一的選項只剩下「戰」或「逃」，戰火當然一觸即發。看來大人與小孩之間的爭執情緒有感染力。

父母意識到這個現象，有助於處理類似狀況。父母可以學會提醒自己（也教導孩子），這是該「積極暫停」的時候，[5]讓雙方冷靜一下，重新找回理性腦。父母不妨也學著斷開自己的情緒「開關」，孩子常按的幾個開關有：「但是其他人都可以」、「不公平」、「我恨你」。也有非語言的開關，問問家有叛逆兒女的父母就知道了，翻白眼、比中指也是爸媽的情緒開關。如果爸媽學著不要產生情緒反應，孩子最後就不會再按開關了。（好吧，至少大多時候如此！）

第二，孩子身心承受壓力時，父母可能會出於同情心而行動，並未考量長期影響。沒有任何父母希望看見孩子受折磨，儘管那是人生寶貴的一課也一樣。（記得蝴蝶破蛹而出的故事嗎？）健康的教養方式，是同理而不救援。給孩子一個擁抱，用反映式傾聽肯定孩子的情緒，就足以幫助孩子從經驗中學習，不必過度保護孩子。切記，孩子天生就有能力平復自己的情緒、從經驗中學習。孩子感到悲傷、寂寞、焦慮的時候，父母在一旁看著，無疑備感煎熬。但是，以尊重的態度表達支持（而不是出於同情介入救援），往往才是更有效、更慈愛的應對方式。

不少人以為，為孩子做出正確的決定，一定會給父母帶來正面的感受，不過事實並非如此。有時候，扮演一位真正慈愛、管教有方的家長，可是非常艱困的任務。

至此，我們已經討論了前人的研究；我們自己的見解則來自實際經驗，你可以在自己的孩子身上加以驗證。用懲罰與獎賞管教孩子，並不會帶來長期效果，無法展現健康的愛，也不會鼓勵孩子有意識地改變自我、積極成長。（如果你還需要更多證據，看看刑事與少年犯罪體制的數據吧。）我們常說，「越有效的方法越要小心」，因為懲罰和獎賞表面上都能帶來短期的效果，這是不爭的事實。我們都看過小朋友為了拿到爸媽獎賞的零嘴，答應在雜貨店裡安靜不吵鬧；也看過小朋友在懲罰之下（暫時）停止惡劣行為。但是，許多大人「以愛為名」持續使用這些管教方式，卻沒有深思長期下來的後果。

如果你花點時間走進孩子的世界，探索孩子接受獎賞或懲罰時的思路、感受、判斷，就會發現這些管教方式多沒道理。孩子乖乖閉嘴，拿到糖果棒做為獎賞時，可能只學到威脅利誘的技巧。遭受懲罰的孩子，可能只學到在他人比自己有力的狀況下屈服配合，也許會學著偷偷摸摸地躲過大人的視線，或是一心想起而反抗。

某次家長工作坊，我們討論到懲罰與獎賞的負面效應時，一位名叫凱倫的學員不相信這些管教方法有害而無益。凱倫在一所偏好行為學派（主要使用懲罰和獎賞推動行為的學派）的大學取得博士學位，[6]她花了人生中寶貴的數年苦讀，繳了大筆學費鑽研行為學派的理論，深信這是促進他人行動最有效的方式。

在工作坊中，有個活動的主題是探討獎賞的長期影響，凱倫自願扮演孩子。角色扮演活動中，只要她早上乖乖整理床鋪，就能獲得M&M's巧克力和金色星星做為獎勵；整張表格貼滿金色星星之後，還能換到更棒的獎品。為了幫助成人瞭解孩子的世界，在活動最後一個階段，我們會詢問學員：「你扮演孩子的時候，心裡有什麼想法、感受，做了什麼決定？」角色扮演都還沒結束，凱倫就舉雙手投降了，她說：「我懂了。扮演小朋友的時候，我一心想著該怎麼拿到更好的獎品，或是該怎麼拒絕做這件事，藉此展現我的權力。這次我也許會乖乖照做，但我只是為了獎品才聽話，不是為了讓自己更好。真不敢相信。」

用懲罰與獎賞管教孩子，並不會帶來長期效果，無法展現健康的愛，也不會鼓勵孩子有意識地改變自我、積極成長。

艾菲．柯恩在《獎賞的懲戒》一書中，針對行為學派的代表人物史金納（B. F. Skinner）有一句耐人尋味的評論：「我們可以這麼描述史金納：他的實驗對象大都是鴿子和老鼠，書裡討論的對象卻大都是人」（頁六）。毫無疑問，孩子們是人；以有尊嚴的方式學習生命中的一切，是孩子應得的權利。

我們必須回到本章開頭提出的基本問題：父母對孩子的愛無庸置疑，為什麼卻老是用無效的方法管教孩子？有時候我們不免納悶，父母們是否曾好好想過。希望各位讀者不要覺得我們說話太刻薄，筆者也經歷過這種無暇思考的狀態，犯過好多、好多次錯。不過，隨著經驗累積、再三思量，我們最後得出了不一樣的結論。幸好每一次犯錯都是學習的機會，我們深感慶幸。每一位父母都必須認真思考，「用健康的方式愛孩子」究竟代表什麼意義——並學著跟隨自己的發現行動。

好父母一樣會犯錯

我們必須再三強調，就算曾經誇獎、處罰、寵愛孩子，並不代表你是失職的「壞家長」。調查顯示，百分之八十的家長會打孩子屁股，但這些家長大多都是疼愛孩子、滿懷使命感的人。有的父母覺得這是正當管教行為，有的則希望找到其他替代方案，只是不知道還有什麼辦法。人們常誤以為打罵之外唯一的選項只有溺愛，而這些父母絕對不想溺愛孩子；我們常以「非黑即白」的預設立場來看事情，沒有看見黑與白之間無數的灰階。這些「灰階」當中的選項，常被認定為意志不堅、搖擺不定的教養方針，鮮少有人意識到，更好的管教方案其實潛藏其中。

認同體罰是正當管教方式的家長，相信「不打不成器」，不惜杖打孩子；但《聖經》也告訴我們，「我雖然行過死蔭的幽谷，也不怕遭害，因為你與我同在，你的杖、你的竿都安慰我」（詩篇二十三篇第四節）。聖經學者告訴我們，「杖」的作用是引導，提供安全的囿限，而不是杖打、懲罰的工具。我們無法控制孩子，只能循循善誘，加以引導。《聖經》也告訴我們，神是人們慈愛的父，天父知道祂的孩子們有自由意志，有時候不免犯錯。《聖經》中講述懲罰的經文，遠不如其中的榮耀、尊重、教誨、愛來得豐富。

家長來找我們求助的時候常說，「我什麼方法都試過了。」讓他們列出試過的方法一看，往往全是懲罰：打屁股、怒罵、威脅、禁足、沒收玩具、懲罰性隔離（積極暫停的相

給孩子一個擁抱，用反映式傾聽肯定孩子的情緒，就足以幫助孩子從經驗中學習，不必過度保護孩子。

反作法）。但是，幾乎沒有父母喜歡處罰自己的小孩。只要交給這些爸媽們不一樣的教養工具，「教養」便不再伴隨尖聲謾罵和羞辱，一樣能教導孩子正確的判斷，鼓勵合宜的舉止。這時爸媽們也鬆了一口氣，心中滿懷希望。

處罰、讚美、獎勵孩子的家長，都是因為愛孩子才會這麼做。然而，要愛得「健康」，父母必得考量各種管教方式對孩子造成的長期影響。愛得健康的父母，瞭解管教並不能和懲罰畫上等號。之後幾章，我們會繼續探討如何用健康的方式管教孩子，以及哪些工具能幫助爸媽們達成目標。現在，如果你開始覺得目前的教養方式效果不佳（不論是對你還是孩子而言），或是無法達到你想要的長期結果，請你先暫停無效的教養方式，參考一些新的點子吧。相信自己的智慧和判斷，你也能學會用有效的方法愛孩子。

---

1 柯恩在〈讚美的問題〉（The Praise Problem）這一章裡採取更科學的論證方式，他詳細引用各項研究，深入探討長期下來讚美對孩子的負面影響。

2 例如：《〇到三歲的正面管教》（Positive Discipline: The First Three Years）、《跟阿德勒學正向教養：學齡前兒童篇》（Positive Discipline for Preschoolers），簡．尼爾森、雪柔．埃爾溫、羅絲琳．達菲（Roslyn Duffy）合著，Prima出版，一九九九。這兩本書都論及兒童發展，以及如何在教養過程中運用相關知識。

3 值得留意的是，許多專家只是認為懲罰沒有效果，便遭人批判為放縱策略的擁護者，例如斯波克醫師。這誤會可大了。斯波克醫師從來不鼓勵放縱孩子，卻常有人指控他教父母寵壞小孩。

4 參見http://www.ozemail.com.au/~chriskaz/attachparent/attachparent.html。

5 參見《正向隔離法：五十招避免師生、親子爭執》（Positive Time Out and 50 Other Ways to Avoid Power Struggles in Homes and Classrooms，暫譯），簡・尼爾森著，Prima出版，一九九九。台灣未出版。

6 參見史金納（B. F. Skinner），《自由與尊嚴之外》（Beyond Freedom and Dignity，台灣未出版），紐約Knopf出版，一九七一；約翰・華生（J. B. Watson），《行為主義》（Behaviorism），紐約Norton出版，一九二四（繁體中文版由昭明心理出版，二〇〇五）。

第8章

成長的痛苦：從斷奶說起

除了人類之外，自然界每一種動物都知道斷奶有多重要。動物的本能告訴牠們，小動物不斷奶就長不大，即使幸運長大了，也無法獨立存活。

小動物不喜歡斷奶，但動物媽媽們絲毫不被孩子的心情影響（其實媽媽也不怎麼享受幫孩子斷奶的過程）。你有沒有看過小動物在媽媽決定斷奶後，還硬要吸奶的情形？小馬或小牛若還想湊上前吸奶，媽媽就會用頭把牠們頂開，不論孩子們再怎麼努力都不為所動。因為媽媽知道，斷奶是孩子獨立、存活的必經之道。

孩子想要的，以及孩子需要的

沒錯，人類與其他動物不同，但也有共通之處：人類的小孩和小動物一樣，必須斷奶才能發展出獨立自主的特質，在社會中順利存活。人類的斷奶不只是戒掉母奶或奶瓶（雖然當過媽媽都知道，這已經夠難了），還必須懷著慈愛之情，循序漸進讓孩子離開情感上、物質上對父母的依賴。

動物父母和人類父母有個顯著的不同之處，那就是人類父母有時會任由情感擺佈，疏於考慮孩子的長期利益。人類媽媽想讓孩子斷奶時，若孩子放聲大哭，媽媽聽了於心不忍，於是放棄了。這位媽媽以愛為名鑄下了大錯：她愛孩子，愛得「太多」了，不忍心見孩子受一時之苦——但是這樣的行為，日後將為自己和孩子帶來更大的痛苦。

這一章談論的不只是嬰兒戒掉母奶或奶瓶的過程；不過有趣的是，大多數嬰兒的成長過程中，自然會出現一段準備斷奶的時間，這個時期的孩子會出現拒絕奶瓶或乳頭的行為。媽媽們往往沒有發現、甚至刻意忽視這個徵兆，有幾個原因：希望孩子繼續喝奶、奶瓶可以在夜間讓孩子安靜下來、用這種方式安撫孩子比較容易。一旦錯失孩子自然斷奶的時機，通常只會增加親子雙方斷奶的困難。孩子不久就養成依賴乳頭或奶瓶的習慣，這成了孩子「想要」的東西，而不再是生理需求。

人類父母常常滿足孩子「想要」某些事物的慾望，沒有給孩子真正「需要」的。天下父母心，如果知道這種行為不但無法幫助孩子成長，反而還會傷害孩子，爸爸媽媽絕不會這麼做。以下列出一些孩子「想要」父母做的事，以及真正「需要」的幫助：

動物父母和人類父母有個顯著的不同，那就是人類父母有時會任由情感擺佈，而疏忽了孩子的長期利益。

想要	需要
媽媽哄我睡覺	學著自己入睡
跟媽媽一起睡	睡在自己的床上
幫我換衣服	堅持教我換衣服，不要出手幫忙
我在電視上、店裡看到的所有玩具	同理我的感受但不妥協，教我怎麼賺錢、存錢，自己買玩具
爸爸媽媽幫我解決問題	學會解決自己的問題（在爸爸媽媽的支持、協助之下）
爸爸媽媽保護我，不要讓我碰到問題心煩難過	爸爸媽媽信任我處理問題的能力，相信我可以度過難關
我碰到經濟危機的時候，爸爸媽媽幫我收拾爛攤子	表現同理心，和我一起思考這次學到的教訓，以及該怎麼解決問題
爸爸媽媽買車給我	協助我想辦法自己買車
我繳不出汽車保險金的時候，爸爸媽媽幫我繳	幫我保管車鑰匙，等到我繳得起保險金再還我
讓我愛做什麼就做什麼	和我一起設下合理界限，尊重自己也尊重別人
不說教，不責罵，不羞辱，不處罰	沒有說教、責罵、羞辱、處罰，但是需要以尊重的態度溝通（家庭會議或一對一溝通），合作解決問題
爸爸媽媽借我錢	密切追蹤我的還款狀況，或是用溫和且堅定的態度拒絕我

永遠長不大的人

也許你覺得父母太愛孩子、錯失讓孩子獨立的機會，是近代才有的現象。不過先別太早下定論，且讓我們看看海澤兒的故事吧。海澤兒現在已經九十四歲了，她的童年在加拿大亞伯達平原的農莊上度過。這一家人原有三個孩子，只有海澤兒活過嬰兒時期平安長大。想當然耳，看在辛勤工作的父母眼裡，她成了寶貴的掌上明珠。然而，這對夫婦在與世隔絕的農莊謀生，膝下沒有男丁，又要撫養年幼的女兒，日子過得並不容易。最後，海澤兒的爸爸終於放棄了農莊，搬到小鎮上工作。他們全家人後來又搬了幾次家，經濟上仍然不甚寬裕。

海澤兒出落得亭亭玉立，貌美動人，朋友和鄰居都說她長得像電影明星。每個週末，在鎮上的舞會裡她永遠是全場焦點，全鎮的男孩都搶著一親芳澤，但她（和護女心切的爸爸）最後選擇了青年亞伯特。兩人結婚之後，照顧海澤兒成了亞伯特的責任，而亞伯特也把這責任看得比什麼都重要。

後來，亞伯特和海澤兒搬到美國加州，追求更好的生活。亞伯特非常認真工作，海澤兒負責操持家務，養育女兒凱瑟琳。亞伯特深愛他美麗的妻子，想盡可能保護她不受生命中的壓力和沉悶摧折（她父親也是這樣照顧她）。海澤兒從來不必管理家計、開車，也不會付帳單；她不會寫支票，家裡有什麼東西壞了，她也從不會修，因為亞伯特會負責把所有事情處理好。隨著兩人年歲漸長，海澤兒所有的醫療保健事務、包括領藥，都由亞伯特一手包辦。不僅如此，亞伯特還再三叮嚀女兒，未來照顧海澤兒將會成為她的責任：「要是我先走了，妳要把媽媽照顧好。」

亞伯特在八十八歲那年逝世，海澤兒悲痛萬分。過了一段時日，凱瑟琳發現媽媽一直沒有從打擊中恢復，而且她完全沒有能力照顧自己，什麼事也做不來。凱瑟琳試著教海澤兒寫支票、付帳單，但海澤兒堅稱她就是「學不會」，後來凱瑟琳也放棄教她了。海澤兒看什麼事都不順眼，她思念的只有亞伯特一人；無論凱瑟琳為她做什麼，無論她再怎麼努力打電話、探視媽媽，再怎麼表達關心，海澤兒都不滿意。海澤兒總是抱怨連連，往雞蛋裡挑骨頭；她沒有發現凱瑟琳還有自己的家庭要照顧，不明白女兒為什麼沒有馬上舉家過來陪她。

「愛太多」的家人，使得海澤兒喪失了照顧自己的能力，也不懂得感恩身邊擁有的一切。海澤兒享有如此長壽，卻過得不快樂，因為身邊的人都太愛她了。

但是，難道孩子不需要大人照顧嗎？

當然，照顧小孩子是家長的責任。父母不妨想想，自己照顧孩子的方式，可能會帶來什麼長期影響？經過深思熟慮之後，父母便能以最好的方式，完成教養孩子的責任（我們一再強調這點）。第二章我們討論過，孩子隨時都在做決定，判斷自己和別人扮演什麼角色，世界是什麼模樣，自己又該怎麼做才能成長、生存。父母必須考量孩子斷奶、獨立之後做出的決定，以及如果沒有獨立時所做出的決定。以每天早上帶孩子換衣服這件事為例，這是家庭中最常見的戰場。

在親職教育講座中，我們常問聽眾，「各位爸爸媽媽，你們覺得小朋友要到幾歲才能自己換衣服？」許多爸媽認為孩子四、五歲才能把這件事做好，讓我們大感驚訝。觀察我們自家的情況，以及其他父母的經驗談，小朋友在兩歲大的時候，已經有能力自己穿衣服了——只要爸媽花點時間耐心訓練，建立規律的日常慣例表，留心挑選方便穿脫的衣服，小朋友絕對可以勝任。（漂亮的皮帶、鈕扣、蝴蝶結對小小孩來說太困難了，因為幼兒的精細動作技能尚未發展完全。）

接著我們會開個小玩笑：「那各位覺得，其他爸爸媽媽為什麼要幫小朋友換衣服呢？我們知道在座的各位都不想搶走小朋友自己穿衣服的成就感，所以一定不會這麼做嘛。」

在座的父母聽完都笑了，他們承認，雖然孩子已經到了可以自己換衣服的年紀，但這件事情還是由父母代勞，主要有兩個原因：首先，方便省事——爸媽自己動手比較快，也比較簡單。其次，孩子會穿得比較得體。（看見小小孩露出滿臉自豪的笑容，下半身穿紅色長褲，上半身搭件穿反的橘色衣服，鞋子左右腳也相反，我們不免在心裡倒退半步——畢竟爸媽不是每天都有心力帶小朋友回到臥室，好好慶祝他的成就，然後拍張紀念照準備流傳後世。）

當然，還有個原因：一旦孩子習慣爸媽幫忙換衣服，可能會堅持要爸媽繼續這個服務，萬一爸媽不願意，孩子就撒嬌、哭鬧，雙方僵持不下，硬是拗到爸媽屈服為止。我們鼓勵在座的父母告訴其他爸爸媽媽，為了方便、體面而幫孩子換衣服，等於是剝奪了孩子奠定自信的機會。孩子用自己的力量完成這件事，不僅藉此認識了自己的能力，也會知道自己能為家裡做出貢獻。

試想看看，如果孩子已經有能力自己更衣，卻仍然由父母幫忙換衣服，孩子會因此做出什麼樣的決定？以下是幾種可能出現的想法：「我能力不足。」「愛就代表其他人必須照顧我。」「我理應獲得特殊待遇。」「我可以利用這個情況吸引爸媽的注意力，也可以用權力叫別人做事。」孩子被父母服侍得無微不至的情況下，能產生什麼健康的觀念？我們實在想不到，你呢？

如果你也是幫孩子更衣的父母，也開始認為這不是對孩子最慈愛的教養方式，你還得面對一個難題：孩子會讓你輕易收手嗎？

成長如斷奶，對親子雙方都不簡單

孩子要斷奶並不簡單，這點不難想像。但是，為什麼要家長幫孩子斷奶也這麼難呢？儘管孩子當下不想斷奶，但獨立生存的能力，對孩子有莫大的助益，難道父母不明白嗎？（而且過一段時間，孩子會感謝你的，我們敢打包票。）

原因通常在「情感」。請記得，做對的事，當下不一定會產生良好的感受。父母不希望孩子受折磨，也不想讓自己難過。憤怒的小孩可能會跺腳表達抗議，甚至咬牙切齒地對爸媽說「我恨你」。孩子可能真的相信他恨你。不過，如果父母以溫和且堅定的態度，順利幫助孩子斷奶、獨立、成長，我們可以保證，孩子最後會愛你。

> 大多情況下，如果你覺得自己被孩子控制了，那應該是這樣沒錯！

愛太多的父母捨不得讓孩子斷奶，是因為太愛孩子了。但矛盾之處在於，沒斷奶的孩子日後總會對父母心懷怨懟。你有沒有注意到，你為孩子做得越多、給得越多，孩子不僅不知滿足，反而更貪得無厭？父母打從心底相信，辛苦付出會換得孩子的感恩；沒想到孩子沒學會感恩，還成了被慣壞的小霸王，總是傷透了爸媽的心。不過，如果父母真的愛孩子，下定決心讓孩子斷奶，把自信與獨立自主都教給他們，那孩子最後也會尊敬、感激你——用以下這兩把神奇魔鑰，你也可以幫助孩子獨立。

成功斷奶的神奇魔鑰

1. 做好「不愉快」的心理準備。
2. 用溫和且堅定的態度，做對的事。

做好「不愉快」的心理準備

用健康的方式愛孩子，有時候是非常不愉快的一件事。你也許覺得聽起來沒道理，但這是非常重要的觀念。出手救援孩子，順從孩子的願望，平撫孩子的情緒，對父母來說都比健康的愛愉快得多。再強調一次：斷奶對父母和孩子來說，都不是輕鬆愉快的事。可是，為了讓孩子健康成長，均衡發展，那一定要學習成長。如果協助孩子獨立的過程中，有某些教養方式讓你感覺十分良好，那對孩子來說也許不太健康。反過來說，某些不愉快的行為，也許是你給孩子最慈愛的禮物。

例如，對孩子說「不行」可能會讓你心情很差，畢竟不能把喜歡的玩具買回家，孩子也不開心。讓小女兒學著自己一個人睡，聽她在床上嚶嚶啜泣，你也會心疼不已；你忍不住擔心，也許她不知道自己正在學習獨立、培養自信，反而覺得爸媽不愛她。

筆者必須再次強調，我們不是在鼓勵父母遺棄孩子，也不希望父母忽視孩子的安全、健康，或是在孩子真的感到害怕時棄之不顧。有個簡單的方法，可以判斷孩子是不是在控制你：如果你覺得自己被控制了，那準沒錯！父母有這種感覺的時候，就代表差不多該讓孩子學著「斷奶」獨立了。

隨著孩子長大，他會覺得你是世界上最小氣的家長，這也令人非常不愉快。（「別人都可以！你一直都說不行！」）這時你可能會懷疑，是否唯有順著孩子的意思，才能保有

如果讓孩子獨立的過程中，某些教養方式讓你感覺十分良好，那對孩子來說也許不太健康。

孩子的愛。但請先停下來想一想：「讓孩子予取予求」就是真正的愛嗎？

用溫和且堅定的態度，做對的事

你一定也聽過那句老生常談的諺語：「態度決定一切。」這句話在親子教養中也同樣適用。如果採取羞辱、貶低的態度，再怎麼有智慧的教養方式，也無法獲得預期效果。許多父母沒有足夠的勇氣做對的事，只能以說教、折磨、處罰的手段，透過責罵、羞辱、痛楚催促孩子學習獨立。底下這些教訓孩子的話，你是不是也很耳熟呢？「你以為錢是天上掉下來的嗎？」「你怎麼這麼自私，你以為整個世界都繞著你轉嗎！」「我說不行，為什麼你就是聽不懂啊？」「你怎麼這麼不知感恩，老是想要更多、更多、更多！」

爸爸媽媽偶爾也該聽聽自己教訓孩子的話。若不是父母給了孩子這種印象，孩子怎麼會覺得錢是天上掉下來的，不必珍惜？如果孩子想要什麼都能擁有，怎麼可能不自私？如果爸媽總是繞著孩子轉，孩子怎麼會明白世界不是繞著他轉？如果父母說話不算話，孩子怎麼聽得懂「不行」是什麼意思？怎麼可能不貪得無厭，要求更多、更多、更多？如果你還不明白這是什麼道理，且讓我們說清楚道明白：父母為孩子做得越多，孩子會期待你做得更多——也越容易教出缺乏能力與自信的孩子。孩子不知感恩，只是一味貪求更多，並不令人意外；畢竟是父母給予的經驗，形塑了孩子現在的觀念，孩子眼中的自己、他人，和他眼中的世界，還能是什麼模樣？

即使父母願意保持溫和且堅定的態度，也許親子雙方一開始還是會鬧得不愉快，孩子也可能會大發脾氣。但過一段時間，你們都會覺得好多了，關係也會有所改善。只要你不是用苛刻、不尊重的態度處理這件事，孩子就不會真的恨你，也不會生一輩子的氣。反過來說，假如父母故意表現出苛刻的態度，不僅自己心裡會感到愧疚，孩子也有了恨你的理由。由於心裡對孩子有所虧欠，父母為了重新找回他們的愛，會更容易順從孩子的要求，造成惡性循環。

越晚讓孩子斷奶、獨立，過程中全家人會越不愉快，而且孩子也會生更久的氣。只要你願意尊重當下情況的需求（孩子不斷奶就學不會獨立），用溫和且堅定的態度做對的事，過一段時間，孩子也能學會尊重你、尊重自己。

鬧脾氣

問：我有個五個月大的可愛兒子，兩週前他開始亂發脾氣，大聲尖叫，有時候叫得太用力，他還會暫停呼吸一下子。我試著用玩具、童謠轉移他的注意力，但是都沒用，他馬上就玩膩了，然後又開始尖叫。不知道這是不是長乳牙的關係，但每次只要聽到尖叫聲，我都會過去安撫他，我擔心他會覺得亂發脾氣就能得到想要的東西。我也曾試著先不理他，讓他尖叫一會兒，但他只會叫得更大聲，然後開始哭。請你們幫幫我，我不知道該怎麼辦才好。我不喜歡打小孩，只會口頭訓斥他不要尖叫，但是每次我一把他抱起來，他就會開始笑，所以我也不知道他到底有沒有聽進去。

答：我們不確定這種行為和長乳牙有沒有關係，不過從你的描述看來，兒子把你訓練得很好。為人父母都想給予孩子必要的安撫，但是又不想做得太過極端，讓孩子學會控制爸媽。我們兩個筆者加起來，已經帶過八個小孩，切身體認到拿捏中間的平衡有多麼困難。尤其這個年紀的孩子還不擅表達，特別讓父母為難。想想看，如果你決定隨孩子去哭鬧，後來卻發現小朋友發燒不舒服，那多心疼啊！

儘管如此，你和兒子還是必須在「必要的安撫」和「讓孩子學會控制爸媽」之間，找到一個平衡點。訓練他控制別人有害無益，而且最後你心裡也會充滿怨懟。再說，如果你立刻上前安撫兒子，他永遠也不會知道自己有能力管理生氣、失望的情緒。

那麼，該如何找到平衡點呢？請你傾聽內在直覺的聲音。大多數情況下，如果你覺得自己被孩子控制了，那準是這樣沒錯。但是，體罰絕不是正解。既然他控制父母的本事是你訓練出來的，那你當然也可以用溫和且堅定的態度重新訓練他，告訴他這招已經不管用了。斷奶對父母和小朋友都不容易，所以千萬別期待孩子馬上乖乖就範。一般而言，當下最簡單、方便的管教行為，並不會帶來最正面的長期影響，無法培養孩子獨立自主、自信、合作的特質。

我們建議，給予孩子合理的照料、關愛之後，如果你確定孩子不餓、不累，也不需要換尿布，不妨讓他表達自己的情緒——當然，他可能會用尖叫的方式表達。至於口頭教訓他不要尖叫，他自然是聽不懂的，從兒童發展階段來看，他還沒有辦法理解這種概念。這個年紀的小小孩，對行為的理解比語言來得清楚許多，與其說給他聽，不如做給他看。如果他奮力尖叫，卻沒辦法吸引你的注意力，自然就會停止這種行為了。但我們必須事先警告你，半途而廢是很危險的；如果爸爸媽媽的決心不夠，有時候裝作沒聽到，有時候又順了孩子的意，孩子反而會叫得更起勁。雖然教孩子不容易，但爸媽要有自信，堅持對自己和孩子最好的做法，管教才能達到最佳效果。很多父母都選擇當下最省事的教養方式，而不是長期下來最有效的方法。

最後，我們要告訴你一個激勵人心的案例，這是一位家長和我們分享的親身經歷。「我永遠忘不了兒子愛發脾氣的那段時間，真是傷透了我的腦筋。我決定不理他，但不太確定這麼做對不對。那陣子我媽媽正好過來看我，有一天她問我縫衣服的針線放在哪裡。當時兒子正躺在地板上大鬧，我媽媽視若無睹地從他身上跨過去，問我：『你剛剛說針放在哪裡？』她的態度泰然自若，完全沒有分神操心高聲尖叫的小朋友。媽媽用最好的方式告訴我，我的教養方式沒有錯，一點也不用覺得慚愧。你可能已經猜到了，後來我兒子長成了一個好青年，現在已經是慈愛的好爸爸了。即使我沒有滿足他兒時的每一個任性要求，他現在也沒有因此覺得受到剝奪，或是缺乏家庭溫暖。」

案例探討

尤蘭妲太愛自己的孩子了，難以拒絕他們的要求。（當然，她也有一些觀念需要改變，例如她認為自己必須順從其他人的要求、「討好」別人，才能贏得他們的愛。第十二章裡我們會進一步討論這個議題。）孩子長大成人之後，她仍然維持這種相處模式。尤蘭妲事業成功，其中一個女兒貝芙莉，在尤蘭妲的公司擔任經理人。貝芙莉需要用錢的時候，尤蘭妲總是借她；貝芙莉和她老公要買房子的時候，尤蘭妲明知道她們夫妻倆負擔不起這麼豪華的住宅，卻還是幫女兒付了頭期款。畢竟，天下哪有媽媽不希望女兒擁有美好生活呢？

有一天，尤蘭妲和貝芙莉夫妻約好要一起計算房子的費用。尤蘭妲和女婿沙爾馬上發現，這棟豪華住宅的每月開銷和維護費用太過高昂，貝芙莉和沙爾根本負擔不起。但是貝芙莉堅持要住進這棟房子，她發誓會勒緊褲帶、節儉持家，好好存錢支付費用。尤蘭妲和沙爾表示反對，但是貝芙莉紅了眼眶，揮淚離開房間，這下尤蘭妲就受不了了，沙爾也一樣。最後他們妥協了，照著貝芙莉的意思做。

沒過多久，經濟問題果然使得貝芙莉夫妻發生嚴重衝突，兩人的關係產生裂痕。尤蘭妲一開始不忍心看女兒流淚，所以才順著貝芙莉的意思；但她現在發現，這麼做不僅沒幫上女兒的忙，對小倆口來說反而是一種傷害，她覺得糟透了。尤蘭妲決定，下次女兒要是再開口要錢，她一定得拒絕。

貝芙莉從來沒被媽媽拒絕過，於是她擅自挪用了尤蘭妲公司的資金。她自己開了支票，支付房屋貸款和傢俱費用。貝芙莉說要省錢，也只持續了一個月；後來她就繼續刷卡購買想要的東西。

尤蘭妲檢查帳目的時候，發現貝芙莉自己開了支票，簡直不敢置信。她震驚不已，覺得女兒背叛了她。她處處為女兒著想，貝芙莉怎麼可以做出這種事？儘管如此，只要貝芙莉答應不會再犯，尤蘭妲還是願意再給她一次機會。

尤蘭妲為了這件事苦惱不已，於是尋求諮商師的幫助。在諮商過程中，尤蘭妲發現自己把愛當成藉口，又犯了一個錯。在諮商師的引導下，她發現自己沒有幫助貝芙莉成長，反而養成了她軟弱的性格。同時她也沮喪地發現，正確處理這件事會讓她痛苦不已。儘管重重困難，尤蘭妲對女兒真誠的愛，仍然引領她看清此刻必要的行動。

尤蘭妲打電話給貝芙莉，用溫和且堅定的態度告訴女兒：「每個人都會犯錯，犯錯沒有關係，只要改過就好。侵占公司財產，這是妳犯的錯；在妳還沒改正錯誤之前，就答應再給妳一次機會，則是我犯的錯。我永遠愛妳，也很樂意再給妳一次機會——但是妳必須先償還之前拿走的錢。等妳把錢還清，歡迎妳再回公司工作；但是在妳彌補這個錯誤之前，妳必須自己去外面找工作了。」

貝芙莉反駁：「但是如果妳把我開除了，我沒工作要怎麼還妳錢？」

尤蘭妲回答：「我只是請妳在把錢付清之前放一陣子無薪假，我相信妳有能力找到方法，自己解決這個問題。我也希望妳繼續回公司工作，不過這就要看妳未來的選擇了。」

這是尤蘭妲這輩子做過最艱困的事情之一。對女兒說這種話讓她非常煎熬（也非常不愉快），尤蘭妲也擔心女兒會恨她。她猜對了。

貝芙莉簡直氣炸了。她很快找到了另一份工作，但薪資沒那麼優渥，她也不怎麼喜歡工作內容。只靠沙爾的薪水付不起房子的費用，夫妻倆不得已，只好把房子賣掉了。

貝芙莉生了幾個月的氣之後，慢慢瞭解把事情搞砸的是她自己，她開始為自己的行為負責。她和沙爾搬到負擔得起的公寓，夫妻關係改善了，貝芙莉也開始存錢，努力還清債務。貝芙莉一開始雖然怨恨媽媽，但清償了所有款項之後，她對自己感到很驕傲，能夠自力謀生的感覺很好。

又過了一陣子，貝芙莉慢慢發現，她對媽媽的決定也感到驕傲。她感謝媽媽保持溫和、堅定的態度，做出正確的事，畢竟她侵占財產的行為不只會招致責罵、損害名譽，還可能害自己鋃鐺入獄。（尤蘭妲費了好一番功夫，才說服自己不要對此說教。）尤蘭妲沒有選擇當下「感覺最好」的管教方式——有時候憤怒、報復也會給當事者帶來良好感受，尤蘭妲下定決心用溫和、堅定的態度幫助孩子獨立。這麼做雖然不好受，卻是孩子成長的必經之路；經過這一課，尤蘭妲和女兒都蛻變成了更好的人。

為孩子做出最有智慧、最有益的決定，不一定能為父母帶來美好感受，這點確實令人難以接受。如果父母只要跟隨情感行事，就能做出最好的決定，那人生一定簡單多了，畢竟我們多多少少都曾經感情用事。但事實擺在眼前，情感總是帶我們走上危險的歧途。深愛孩子、有智慧的家長，教養孩子時不只用心，也用理性思考。孩子總有一天要離開父母庇護的羽翼，如果你希望孩子體會到獨力完成一件事情的成就感，相信你一定明白，幫助孩子斷奶、獨立，不僅是必經之道，也是父母送給孩子最慈愛的禮物。

第9章
品格教育

孩子若在愛太多的家庭中成長，會缺乏什麼？答案不出品格二字。受到溺愛的孩子難以培養良好品格，反而發展出自我中心、自私、叛逆等負面的人格特質。這些孩子貪得無厭、頤指氣使、性格軟弱，往往也缺乏能力與個人魅力。所有父母都希望孩子培養出良好品格，因為孩子將來的幸福、成功都與品格息息相關。但是，愛太多的環境無法建立孩子的品格。品格往往從我們最不享受的經驗中萌芽；人在逆境中學到的教訓、形成的判斷，才是良好品格的基石。

許多德高望重的名人都談論過品格培養，以下舉幾句智慧格言為例：

一個人最終的評價，不在於安逸時如何享樂，而在於面臨挑戰與逆境時如何自處。

——馬丁．路德．金恩（Martin Luther King Jr.）

如果父母沒有鼓勵孩子面對挑戰、自我磨練，反而悉心呵護得無微不至，孩子沒有機會面對挑戰與逆境，如何培養出良好品格呢？

品格，是一個人獨處時的作為。

——H．傑克遜．布朗（H. Jackson Browne）

過度控制、懲罰、溺愛等教養方式，常常塑造出外控性格（external locus of control）的孩子，也就是說，孩子容易認為自己的行為是由外在因素所控制，期待外界給予的行為動機和獎賞。品格高尚的人大多屬於內控性格（internal locus of control），他們選擇做一件事，不是為了外在動機，而是內在保有「做對的事」的良知。

逆境人人都能承受；但給一個人權力，便能測試他的品格。

——亞伯拉罕．林肯（Abraham Lincoln）

你會教出哪一種孩子？他會選擇把權力用於獲取私利，還是為世界做出貢獻？

品格無法在逸樂平靜的環境中發展。唯有經歷試煉與苦難，才能強化靈魂、激發野心、獲致成功。

——海倫．凱勒（Helen Keller）

海倫．凱勒原本備受雙親驕寵，直到蘇利文老師帶著恰到好處的愛走進她的生命，堅持她必須學著自理生活，她才克服生理上的缺陷。

孩子如何發展出品格？

愛太多的父母，通常選擇最簡單（或「感覺最好」）的管教方式，而不是正確的行為。他們依循情感行事，沒有事先瞭解長期影響再採取合適的管教方針。他們沒想過孩子需要什麼養分，才能發展出良好的品格；他們還沒有發現溺愛、控制對於鍛鍊品性毫無幫助。這些父母不瞭解，孩子要培養出品格，必須從生活經驗中學到：

- 尊重自己與他人
- 無私的心，渴望貢獻一己之力，造福別人
- 誠實

品格高尚的人太多屬於內控性格，他們選擇做一件事，不是為了外在動機，而是內在保有「做對的事」的良知。

・正直
・勤勞
・自律
・信用
・感恩
・勇氣
・從挫折中站起來的恢復力

品格是後天培養的

孩子生來帶有自己的個性、人格特質，但品格不是天生的。如前文所述，品格必須從經驗中教導、學習。父母長輩若只是發表長篇大論，無法讓孩子學會尊重、公平、責任感、熱心助人；說教只能「教」出防衛心強、迴避責任、自尊低落的孩子。孩子被教訓時，感受到的經驗只有自卑、叛逆，或是無聊。其實，不少小朋友都會在大人碎念十幾個字之後自動把耳朵關起來！

英文的教育一詞，源自拉丁文educare，有引出、引導之意。大人不妨為孩子製造機會，

「引導」孩子從經驗中學習，讓孩子自己體會解決問題、造福別人是什麼感覺。父母常想用訓話的方式，把概念硬是「塞進」孩子腦袋裡，結果往往是左耳進、右耳出。

四種基本需求：家庭品格教育的基石

本書反覆提及發展出良好品格的四大概念，這四大需求在本書各處都有深入討論，同時也是品格發展的基礎，我們在此將這四大需求做個整理。人類有哪些基本需求呢？若要成為獨立、有才幹、樂在生活的人，不僅為周遭的人做出貢獻，又能充分享受人生，孩子（其實不分年齡，所有人皆然）需要滿足以下需求：

1. 歸屬感與價值感
2. 認識自身能力
3. 個人權力與自主
4. 社交、生活技能，不僅用於貢獻社會，也打造自己的幸福

歸屬感與價值感

問問爸媽們，要養育出健康、快樂的小朋友，最重要的是什麼？相信有不少父母都會給你一個簡單的答案：愛。但隨著本書的探討，我們也慢慢看見，只有愛是不夠的。事實上，大多數的教養錯誤都是由愛而生。我們不斷強調，「愛」有很多種不同定義，有的「愛」無法給予孩子歸屬感與價值感，也無法幫助孩子學習正確的態度和技能，為成功、快樂的人生打下良好基礎。

阿德勒指出，人有歸屬的需求，需要在世界上擁有自己的一方天地；我們在這裡被接納，也感受到自己的價值和重要性。孩子要成長為自信、獨立的大人，需要各式各樣的信念與態度為養分，不過如果將這些養分濃縮為一句話，那就是「歸屬感與價值感」。

我們都渴望擁有自己的歸屬，希望有人可以接納真實的自己，渴望無條件的愛。對孩子來說，歸屬的需求又比成年人更強烈。每個孩子都需要在家庭中擁有一席之地，需要家庭無條件的接納。隨著孩子年紀增長，這種歸屬感通常轉由同儕提供。（不相信的話，你可以隨便找一所中學，到走廊上觀察一、兩個小時，會發現孩子十分在乎同學衣服、運動鞋上的品牌標誌，也很介意自己理什麼髮型。你想，這是為什麼呢？）孩子越有自信，磨練出越豐富的技能，就越不容易過度受到「大眾」影響。

缺乏歸屬感的孩子常感到挫折，飽受挫折的孩子常產生行為問題。你是否曾注意到，孩子有許多不當行為，都像在大喊：「快注意到我！讓我加入！關心我的感受！不要老是命令我！幫我成功！」不當的行為像一種「暗號」，表達出孩子沒說出口的歸屬需求。

近幾年校園殺人事件層出不窮，引發大眾關切。這些駭人聽聞的事件是一種警訊，代表我們亟需在家庭、校園中做出改變。當孩子動手殺害同儕與大人，代表他缺乏歸屬感，也感受不到自己在群體中的價值。孩子一旦缺乏歸屬感和價值感，往往選擇以下四種錯誤的行為目標做為補償：以不當方式吸引注意力、濫用不當權力、報復，或是將自己封閉於自我放棄之中。行兇的學生，選擇了最恐怖的報復手段。

就連美國聯邦調查局，也開始著手尋找校園命案的根源。調查員訪問犯罪的年輕人，發現缺乏歸屬感正是問題的核心。這些年輕人認為他們不屬於周遭的群體（沒有人在乎他們），不僅如此，他們還說自己遭到同儕取笑。他們覺得自己在同儕之間格格不入，最後也開始表現得像社會的棄子，孤立於群體之外，這些遭遇加速引燃了復仇之火。也許你會疑惑，這些案例中的孩子非常缺乏愛，和「愛太多」有什麼關係呢？我們舉出這些極端的例子，旨在說明歸屬需求左右人心的力量。

愛太多的問題在於，許多父母試著以錯誤的方式給予孩子歸屬感、價值感，反而帶來完全相反的效果。受父母嬌寵、控制的孩子，不會因此產生歸屬感，也感受不到自己的價值，只會認為：「只有在爸爸媽媽幫我做事、一直陪伴我、幫我收拾爛攤子、告訴我該怎麼做的時候，我才屬於這個家。」愛太多的教養方式，無法幫助孩子認識自己的能力並建立自信，也無法帶來發自內心的歸屬感，反而養成孩子依賴的性格。

為孩子營造歸屬感的方法不少，例如前文提過的家庭會議即是其中之一。這一章會進一步探討家庭會議的做法，未來幾章也會提到更多建立歸屬感的技巧。現在，請先把這點放在心上：**孩子的歸屬感與價值感越強，越不需要仰賴不當行為來表達歸屬需求，自信心與自律能力也會隨之提升**。協助孩子發展健康的歸屬感與價值感，能為健康的愛打下基礎。

認識自身能力

孩子若沒有機會體驗自己的能力，又該如何相信自己辦得到？許多父母、師長都為孩子做得太多了，滿足孩子的所有願望，反而剝奪了孩子認識自己能力的機會。孩子真正「需要」的幫助，和他們「想要」大人做的事情大不相同。孩子「想要」享受大人的服務，但我們若是把孩子服侍得服服貼貼，孩子就失去了學習機會，永遠不知道自己有能力把事情做好。孩子「想要」擁有每一種玩具，但父母若是任其予取予求，只會使得物質主義在孩子心裡扎根，孩子不會知道自己有能力處理失望的情緒，也不知道自己能辛勤工作，換取想要的東西。簡言之，父母為孩子做得越多，孩子就越缺乏辦事能力與動力。只是口頭上告訴孩子「你有能力」是沒有用的，話語的力量不足以讓孩子認識自己的能力，唯有經驗可以辦到這一點。

能力與自尊。容我們先回頭談一下校園攻擊事件。許多專家認為，自尊心（孩子對自身價值、能力的認知）是造成攻擊行為的原因之一。但究竟是自尊心低落，還是自尊心過高才會造成問題？一九九八年，美國心理學會發起的一項研究揭露了耐人尋味的真相。急於證明自己高人一等、與眾不同的年輕人，是攻擊傾向最強烈的一群（這種特質也稱為自戀）。如果周遭的人不覺得這些年輕人有多特別，沒有給予足夠的讚美，他們便容易出現憤怒、暴力的反應。

想想看，無數學校都在推行強化孩子自尊心的課程；這些課程的立意良好，教室牆上的海報大聲宣告：「我值得被愛，也有能力。」「我與眾不同。只要我喜歡自己，別人也會喜歡我。」但是，如果事與願違呢？如果孩子對這些宣揚自尊的標語深信不疑，卻發現只靠嘴上說說根本不夠，那怎麼辦？

急於證明自己高人一等、與眾不同的年輕人，是攻擊傾向最強烈的一群。

一如各位所見，孩子必須培養適當的技能與態度，從中認識自己的能力，才能建立起自信心，進而發展出真正的自尊。前文已經討論過讓孩子自己換衣服的重要性；父母常為了方便與美觀而幫孩子換衣服，錯失了教導孩子新技能的機會。孩子在學習路上難免犯錯，父母不妨先做好心理準備，然後放手讓孩子體驗自己的能力。

能力與犯錯。不少父母和成年人都把犯錯當成一種罪過，非除之而後快不可。孩子在成長中難免犯錯，這時父母的反應往往是動手處罰、幫孩子收拾善後，或是想辦法避免孩子犯錯。有的父母會覺得，如果不給孩子施加一些犯錯的「後果」，等於是「放過」孩子，讓孩子懷著僥倖心態。但是在成長、學習的過程中，誰沒有犯過錯呢？面對孩子的錯誤，父母最佳的應對方法，也許是協助孩子收拾殘局，然後陪著孩子學習不再犯下相同的錯。加以處罰、為孩子打點一切、保護孩子不犯錯，這些處理方式都無法讓孩子認識自己的能力，不如教孩子把錯誤當作絕佳的學習機會。

馬克・吐溫曾說，「明智的判斷源自經驗，經驗源自錯誤的判斷。」有時候，孩子確實會選擇以艱困的方式學習經驗。（請記住，「教育」在英文裡的涵義是「引導」，而非填塞。）

協助孩子探索後果，認識自己的能力。與其犯錯後給孩子施加後果（用這種方式掩飾處罰，反而欲蓋彌彰），不如協助孩子探索自己的選擇造成了什麼後果。父母不妨以尊重的態度，向孩子提出「是什麼」、「該怎麼做」的問題：

發生什麼事？

- 你本來想做什麼事？
- 結果變成這樣，你有什麼感覺？
- 你從這次經驗學到什麼？
- 將來該怎麼運用這次的教訓？
- 你現在有沒有想到什麼解決問題的好辦法？

請記得，重點在於協助孩子探索自身行動的結果。萬一爸媽話中帶刺，或是一味把自己的想法灌輸給孩子，那就達不到效果了，孩子絕對感受得到爸媽態度的差別。有趣的是，如果你發自內心想知道孩子的想法，孩子通常也會接收到你的想法，跟你站在同一陣線。當孩子的心聲被聽見，知道你在乎他們怎麼想，這時孩子就能徹底思考自己的選擇是否恰當，開始探索行為的後果。這個過程中，孩子也會熟悉如何正向運用個人的權力。

個人權力與自主

儘管爸媽可能不樂見，但孩子確實擁有個人權力，也會加以運用。問題在於，孩子會如何運用這份權力？是用來造福大眾，還是釀成禍害？孩子會選擇與人爭奪權力，還是盡一己之力，積極參與社會、合作奉獻？

縱容的父母，教出善於控制別人的孩子；控制的父母，則教出叛逆、反抗，甚至委曲求全的孩子。孩子過於屈從別人，會養成一味討好別人的毛病，碰上動用蠻力、講話大聲的人，容易任其擺佈。

在家庭中，你有沒有準備足夠的機會，讓孩子練習把個人權力用在有益之處？你有沒有給孩子做決定的機會？（可以提供幼童有限的選擇，隨著孩子年紀增長，再提供更多樣的選擇。）有沒有集合全家人，一起召開家庭會議？是否尊重孩子的意見，讓孩子一起想辦法解決問題，一起制訂規矩、安排日常慣例表？有沒有訓練孩子解決問題的能力，然後放手讓孩子自行解決問題，或偶爾從失敗中汲取教訓？有沒有給孩子機會，學著用自己的力量幫助別人？有沒有讓孩子參與決策、解決問題，從經驗中學習生活技能？效果良好的家庭會議，可說是滿足這個需求（以及其他基本需求）的最佳方法。本章稍後將會探討家庭會議的細節。

社交、生活技能，不僅用於貢獻社會，也打造自己的幸福

給孩子學習社交與生活技能的機會，是培養品格的一個好辦法。湯瑪斯．J．史丹利博士（Dr. Thomas J. Stanley）於其著作《為什麼他們擁有億萬財富，而你卻沒有》（The Millionaire Mind）訪問了許多成功致富的有錢人，訪談過程中有許多耐人尋味的發現。史丹利博士訪問的富翁都是快樂踏實的人，他們的財富沒有揮霍在浮誇、自私的用途，而且對社會也有所貢獻。（金錢無所謂好壞，可以為惡，也可以為善。）不論如何，這些富翁是社會普遍認知的「成功」人士，瞭解他們的出身背景、人生抉擇也別有一番趣味。

有趣的是，學業成就並不是這些富翁成功的主要因素，書中大多數的受訪者也不是學術界出身。恰好相反，他們小時候都不是天資聰穎的孩子，長輩往往說他們不夠聰明，不會出人頭地。但在成長過程中，他們學到了堅忍不拔的毅力、與人相處的圓融性格、自律能力，以及洞察力，不過都不是從課本上學的。談起自己財富上的成就，這些富翁最常提起的五個成功因素是：

1. 正直——對所有人誠實無欺

2. 紀律——運用自制力
3. 社交技能——與人相處的能力
4. 擁有彼此扶持的人生伴侶
5. 勤奮——比其他人更努力

學校教育確實有其重要性。但許多家長花費大量時間，緊逼著孩子做功課、拿高分，卻沒有時間安排適當的機會，協助孩子培養正直的性格、自律能力、社交能力，孩子也無從練習勤奮工作、換取成果。接受史丹利博士訪問的富人們，大部分都完成了在校學業，自律克己，辛勤苦讀；但這正是不同之處——自律、勤奮，而不是由父母密切監控，或出面替孩子解決問題。

父母陪孩子一起訂定計畫與日常慣例表，練習自我規範，即可幫助孩子培養自律能力。孩子若是犯了錯，爸媽可以運用前文「是什麼」、「怎麼做」的問題，協助孩子探索行為

> 孩子具有驚人的恢復力，隨時準備從挫折中學習；最難接受孩子受挫的人，往往是父母！

的後果。有時候對孩子來說，最好的教訓就是嘗一回失敗的苦果。這是不可多得的良機，孩子可以藉此探索發生了什麼事、失敗的原因、自己心裡的感受，以及該如何彌補過錯。孩子具有驚人的恢復力，隨時準備從挫折中學習；最難接受孩子受挫的人，往往是父母！

史丹利博士列出的第三點是社交技能，也就是與人相處的能力。同情心、同理心、尊重、溝通、老派的良好禮儀，這些都是孩子不可或缺的技能，尤其孩子未來若能以這些技能奉獻社會，其重要性更是不言而喻。再怎麼精妙高深的學術知識，若是用於自私傷人之處，那又有何益？如果自律與勤奮的特質只用於私利，那也是枉然。當孩子在受人幫助之外也學會回饋，人人都能蒙受其利。

家庭會議

家庭會議的重要目標之一，正是協助孩子找到能為他人做出貢獻的計畫。由於品格不是天生，只能靠後天學習，父母可以透過家庭會議提供各種機會，讓孩子累積生活經驗，從中培養良好品格。孩子的品格只能等待父母來灌溉，孩子自己也許懵懵懂懂，但父母必須有所意識，不妨多反思現行的管教方式，考量自己對孩子造成的長期影響。

正如前文所述，孩子的四種基礎情感需求都獲得滿足時，才能發展出品格。舉辦家庭會議，正是同時滿足這四大基礎需求最簡單、卻最有效的方法。家庭會議透過最具影響力的形式，為孩子提供彼此尊重的參與感，引導孩子為家庭做出有意義的貢獻。家庭會議給孩子帶來歸屬感和價值感，因為全家人齊聚一堂，認真傾聽孩子的想法和好點子，而且還會加以實行。同時，家庭會議也可以幫助孩子認識自己的能力，培養自信心，學習善加運用個人權力，並學習社交與生活技能。

務必預先安排好每週召開家庭會議的時間，畢竟現代人生活忙碌，各種現實因素很容易吃掉我們留給家人的時間。孩子也需要知道，不論爸媽的行程表上安排了多少會議、聚會，都無法動搖孩子在爸媽心目中的地位。

召開家庭會議的時候，不妨以讚美、感謝揭開序幕，再讓全家人一起解決本週家庭議程表上列出的問題。會議的壓軸好戲，則是計畫家人同樂的時間。許多家庭其實沒什麼機會和家人一起做有趣的事；爸媽通常都很樂意和家人共度時光，只是沒有認真把活動安排好，在月曆上排開那一天——於是殘酷的現實就來攪局了。如果你也想確保全家人保有一起同樂的時間，可以試試「家庭會議：同樂計畫」活動。

在家庭會議中，孩子學會與人溝通，學習表達自己的想法、傾聽別人的意見，也學會尊重不同的聲音。過程中不但培養了孩子腦力激盪、解決問題的能力，也教導孩子與家人彼此幫助、彼此扶持。

家庭會議：同樂計畫活動

1. 拿一張「同樂表格」（見範例），全家人一起腦力激盪，想想大家可以一起做什麼有趣的事，把要花錢和不用花錢的點子分別寫在「全家人」那一欄。
2. 影印這張表格，發給每一位家人。在這一週當中，每個人想到什麼新點子都可以填到自己的表格上，除了全家人一起做的事以外，也可以想想自己的休閒活動（填在「自己」那一欄）。
3. 開家庭會議時，大家一起從「全家人」那一欄挑幾件事來做，記得排定確切的日期。接著，請每位家人分享他們為自己安排的活動。（信不信由你，只要大人願意花點時間指導，小朋友其實很懂得自己找樂子。反過來說，如果你沒有教孩子如何在生活中尋找樂趣，你恐怕會變成全家人的娛樂總監，老是聽到孩子頻頻抱怨「好無聊喔！」）

關鍵是「參與」。家庭會議經過妥善安排，孩子的意見在會議中受到尊重，便能體會到「作主」的感覺。孩子參與了設下規定的過程，因此更有熱情、動力遵守規矩。過程當中，孩子有充分的機會獲得歸屬感，體會到自己的價值與能力，瞭解如何正面運用個人權力與自主權，也能從中訓練社交技巧、生活技能，培養良好品格，引導他們成為社會上快樂又有貢獻的一份子。

一起安排日常慣例表

表現健康的愛最好的方式之一，就是保持尊重的態度，讓孩子參與制定日常慣例表（沒錯，又來了），從中教導孩子學習奉獻、與人合作。也許你會問，為什麼

同樂表格

全家人		夫妻倆		自己	
不用花錢	要花錢	不用花錢	要花錢	不用花錢	要花錢

日常慣例表這麼重要？假如你也曾經抱怨早上有多難把孩子拖出門，或是安頓孩子上床睡覺前老是得展開親子大戰（想想這些過程中無盡的嘮叨碎念），日常慣例表正是你需要的好幫手。

大人偶爾會厭倦一成不變的生活，不過孩子在規律的作息、穩定的步調下，反而表現得更好。日常慣例表帶領孩子以有系統、規律的方式，完成每天該做的事，它有種神奇的魔力，能當全家人的「老大」；有了日常慣例表，父母就不必再耳提面命，只要問孩子：「接下來該做什麼事？我們的表格上寫什麼呢？」不妨運用家庭會議的時間，安排睡前慣例、晨間慣例、用餐慣例、寫作業慣例。請記得保持尊重的態度，邀請孩子參與制定日常慣例表，孩子不僅能藉機認識自己的能力，也更有動力遵守日常作息。

家庭會議：感恩活動

1. 每一場家庭會議的尾聲，發下一張空白的感恩筆記。鼓勵家人把感恩筆記放在隨手可及的地方，有任何值得感謝的事，就可以立刻寫下來。
2. 全家人一起用餐的時候，留些時間分享彼此感恩的事。
3. 每次家庭會議時，收集大家的感恩筆記，整理到資料夾裡。有些家庭會在每年感恩節時，一起閱讀全家人的感恩筆記。

感恩扮演的角色

孩子要養成良好的品格，必須有一顆感恩的心；但感恩不是天生的能力，必須靠後天學習。父母是最好的榜樣，以身作則，孩子便能學會感恩。透過規律練習、與人分享，人人都能培養出感恩的態度。有些家庭會在睡前安排一段時間，分享兩、三件值得感恩的事。下次召開家庭會議的時候，不妨試試我們的「感恩活動」吧！

家庭座右銘

一起創造全家人的「家庭座右銘」，不僅可以增強家人的歸屬感、親密感，也是十分有趣的家庭活動。每個家庭都有自己的座右銘，只是大多沒有寫下來，也沒有經過正式承認罷了。這些座右銘有的正向積極、激勵人心，有的負面消極、挫人銳氣。我們舉辦工作坊時，談起家庭座右銘，有一位女性忍不住大笑說，她兒時的家庭座右銘是「殫精竭慮，嘔心瀝血，非做到完美不罷休。」她已經邁入四十歲，才逐漸擺脫完美主義心態。她和我們分享，這句家庭座右銘在成長過程中塑造了她和兄弟姊妹的自我認知與觀念，而且這是全家人心照不宣的理念，大家都沒說出口，反而加深了這句座右銘的影響力。

在你成長的家庭中，是否也有句家庭座右銘呢？你一手打造的家庭，又會將何種理念當成座右銘？你希望孩子承襲什麼樣的信念？你也可以每個月挑選不同的座右銘，透過以下的活動，賦予每一句座右銘更深刻的意義。在此舉幾個激勵人心的家庭座右銘為例，你可以直接採用這些格言，也可以發揮創意，創作新的座右銘。

座右銘範例

1. 人人為我，我為人人。
2. 彼此關愛，彼此扶持。
3. 值得做的事，因為過程中的樂趣而值得。
4. 只要能幫助到一個人，這件事就值得去做。
5. 犯錯是最好的學習機會。
6. 發現別人的優點。
7. 我們都是問題解決專家。
8. 動腦解決問題，不動口責怪別人。
9. 知足感恩。
10. 每一天都感謝上天的恩賜。

家庭會議：座右銘活動

1. 讓全家人挑一句本月座右銘。
2. 第一週：發給每個人一張紙，上面畫著搶眼的標題：「我們家的座右銘」。（不妨邀請孩子幫忙畫圖。）請家人在週間思考這句座右銘的意思，寫下這句話對自己代表的意義。（如果家裡有幼兒還不會寫字，可以安排一段時間讓孩子口述，由家人寫下來。）
3. 第二週：在家庭會議中，安排一段時間讓大家分享自己寫下來的內容，然後把每一張紙收進家庭資料夾裡。發下另一張紙，請家人在週間花一點時間，用圖畫表達這句座右銘的意義。也可以特別計畫一段時間，全家人一起做這個活動。
4. 第三週：在家庭會議中，安排一段時間讓大家分享自己畫的圖，談談自己畫了什麼。把每個人的作品貼在冰箱上，也可以裝飾在其他全家人都看得到的地方。請家人在下個禮拜當中，留意自己如何實踐這句座右銘。
5. 第四週：在家庭會議中，安排一段時間讓大家分享自己如何實踐家庭座右銘。請家人開始思考下個月的座右銘。

6. 下個月的第一週：將上個月的所有作品收進家庭資料夾，挑選另一句座右銘，重複以上過程。

計畫菜單也能建立品格

計畫三餐吃什麼、採買食材、烹飪、收拾鍋碗瓢盆，這些事天天要面對，你是不是也抱怨過這一連串苦差事繁瑣又沉悶？但你知道嗎，要培養孩子合作、奉獻的特質，準備三餐正是不可多得的良機。小小孩也有能力烹調簡單的菜餚，例如湯品、起司三明治、蔬果、生菜沙拉、果凍等。爸媽們不妨試試底下的「計畫家庭菜單」活動。

家庭菜單計畫表

	主廚	主菜	蔬果	沙拉	點心
星期一					
星期二					
…					

家庭會議：計畫家庭菜單活動

1. 在家庭會議中，使用家庭菜單計畫表（見範例）讓每一位家庭成員參與計畫本週的菜色。
2. 準備附有食譜的雜誌，家庭會議時，全家人可以一起挑選有興趣嘗試的食譜。（剪下食譜和照片，收集在資料夾裡製成「家庭食譜」也能增添不少趣味。品嘗過後，全家人可以幫菜色評分，只把高分的菜色留在資料夾裡。）
3. 把食譜分別寫在索引卡上，背面列出需要採購的食材。（準備一個專用的盒子存放索引卡，以便重複使用。）
4. 全家一起到超市採買。年紀夠大的孩子，可以自己拿一個購物籃，負責尋找一、兩張食譜背面的食材。每個孩子負責的食譜數量，可以隨著你家的小朋友人數自由調整。不妨先看一下是否有糖、鹽、麵粉等基本食材要採買，先說好讓一個人負責，確保不會買到重複的東西。年紀較小的小朋友，則可以幫哥哥姊姊或爸爸媽媽的忙，一起尋找食材。

發現別人的優點

在《追求卓越：探索成功企業的特質》（In Search of Excellence，Warner 出版，一九八八。）一書中，作者畢德士（Tomas J. Peters）曾說，成功人士都是「發現優點的人」。你也可以訓練孩子發現別人的優點，當每一位家人都學習多看彼此的優點，說出讚美的話，家裡的氣氛自然會獲得改善。不過，千萬別期待大家做到完美！生活在同個屋簷下，偶爾吵嘴還是難免，但只要全家人一起學習感謝彼此、接受讚美，便能大幅減低家人之間的緊張衝突。

家庭會議：致謝活動

1. 把空白的致謝筆記貼在冰箱上（或其他合適的地方），方便所有家人寫下對彼此的感謝。（小小孩可以口述致謝，由其他家人負責記錄。）
2. 看見別人值得感謝的行為，馬上寫下來。如果小朋友觀察到別人做了值得感謝的事情，爸媽可以問：「你想不想把這件事寫在我們的致謝筆記上？」等孩子養成感謝別人的習慣，就不需要別人提醒了。
3. 家庭會議一開始，全家人一起閱讀這個禮拜收到的致謝。

4. 詢問家人有沒有來不及寫下的致謝，可以在這時候口頭致謝。
5. 確保每個家人至少獲得一項致謝。
6. 把這張致謝筆記收進資料夾，重新貼上一張空白的致謝筆記，以供本週填寫。過了好幾年再回頭閱讀這些致謝，就像翻看舊相簿一樣有趣。

社會情懷

阿德勒寫到健康的人格特質時，自創了「Gemeinschaftsgefühl」這個德文字。和許多德文詞彙一樣，這個字沒有精確的英文翻譯；阿德勒學派心理學家最後決定的譯法是「social interest」（社會情懷），但「Gemeinschaftsgefühl」一詞代表的意義遠不只是單純的「社會情懷」。它代表一種社群感，既是對鄉里、環境的關心，包含了充實生活、人際互動所需的所有特質，同時也代表活出高尚品格不可或缺的行動。阿德勒認為，健康的人擁有渴望奉獻的心，這種態度是透過後天習得，敦促他們為社群、為他人、為周遭的世界做出貢獻。「社會情懷」正是「自我中心」的相反詞，是現代年輕人經常缺乏的特質。

如果我們的下一代培養出「社會情懷」所需的品格，想想我們的家庭、鄰里、學校、社群、世界會有多大的改變！達成目標絕不簡單，但這是為人父母者必須勇敢接下的挑戰。

第10章

健康的愛：孩子真正的需求

五歲的馬瑞莎住在丹佛，今天媽媽帶她搭飛機，準備拜訪住在舊金山的祖父母。媽媽帶了一本書，已經在自己的位子上安頓好，開始專心閱讀。起飛時馬瑞莎很興奮，但是這陣新鮮感過去之後，她就開始找事做了。媽媽幫她帶了一小袋玩具，但是才過十五分鐘，馬瑞莎就玩膩了。她不耐煩地坐在位子上，一直踢前面的椅背，還不斷收放桌板打著節拍玩。坐在馬瑞莎前面的女人回頭惡狠狠瞪了她們一眼，媽媽顧著看書，頭也不抬地說：「馬瑞莎，不要這樣。」

這下馬瑞莎把注意力轉移到坐她隔壁的男人身上。他是位穿著體面的商務人士，正在用筆電處理一份複雜的試算表。馬瑞莎伸手過去按了一個鍵，臉上帶著調皮的笑。男人見狀微笑，和善地告訴她：「電腦很好玩吧？但是我正在處理重要的文件，不要碰我的電腦哦。」馬瑞莎一聽，臉上的笑容隨即消失，硬是伸手按了另一個鍵。這時媽媽抓住馬瑞莎的手臂，猛地把她拉回來，訓她：「馬瑞莎，妳不要這樣鬧人家！」

馬瑞莎開始賭氣，不過這時飲料推車來了，吸引了她的注意力。她要了一瓶汽水，空服員送她一包閃亮亮的蝴蝶脆餅，馬瑞莎卻說：「我要兩包。」然後她就把汽水打翻了。馬瑞莎大哭出聲，媽媽急忙跟她換了位子，幫馬瑞莎隔壁的男人擦乾文件，恨不得挖個地洞鑽進去。還要再飛兩個多小時，舊金山感覺無限遙遠……

讀到這裡，你也許覺得馬瑞莎的媽媽有毛病。不過，凡是最近搭過飛機、逛過商場、到餐廳吃過飯的人都會告訴你，像馬瑞莎這樣的小孩比比皆是。開口批評馬瑞莎很簡單，也許你會認為她就是需要狠狠打一頓屁股、嚴厲訓話、隔離罰站……但是像馬瑞莎這樣的孩子，真正需要的究竟是什麼？

健康愛的基礎

許多小朋友好像需要大人無窮的關愛，老是要求與眾不同的待遇。他們常覺得無聊，沒辦法自己玩，要他們待著幾分鐘都不行；要不就是精通控制爸媽、哭鬧撒嬌的技巧。隨著孩子的年齡增長，行為問題往往隨之惡化，甚至帶來危險。但是，問題遠不只是單純的行為管教而已。有太多家長不瞭解該如何教孩子合作、自律、責任、尊重，孩子難以自然發展出這些特質，必須靠父母循循善誘。（當然，大人自己先擁有這些特質，才能事半功倍！）

該如何用健康的方式愛孩子？這個問題牽涉到幾個觀念。前文已經討論過孩子成長過程中真正的需求，例如歸屬感與價值感、個人權力與自主、社交與生活技能。除了上述需求之外，孩子還需要：

- 發展出彼此尊重的態度與尊嚴
- 有機會發展「關鍵七項能力」
- 社會情懷
- 認識、處理自身感受的能力

發展出彼此尊重的態度與尊嚴

從爺爺奶奶到學校老師，很多人都在感嘆現在的年輕人不懂得尊重他人，簡直到了匪夷所思的地步。必須在此澄清，社會上還是有許多尊重他人、禮貌周到、懂得感恩的年輕人，但許多孩子缺乏這些特質，卻也是不爭的事實。尊重自己、也尊重別人，是健康人際關係中不可或缺的環節。孩子該如何學會尊重呢？

我們在親子教養的聊天室裡，曾有位父親表示，他對現代的教養觀念實在不以為然。「我家小孩怕我的時候，就知道要尊重我了，」他說，「而且我也很清楚要怎麼讓他怕我。」但是，恐懼和尊重能劃上等號嗎？這也算是愛的一種嗎？我們相信尊重是「愛」的關鍵元素之一，然而，正如愛的定義五花八門，尊重的定義也千奇百怪，大多數並非慈愛和善，也無法成為孩子成長的力量。

請回想某個你尊重的人，他擁有那些特質？為什麼值得你尊重？你對孩子也抱有這種感受嗎？你是否希望孩子對你懷抱同樣的感受？

孩子學習尊重的途徑與其他特質無異，都是以大人的行為為榜樣，從別人的行動中學會尊重。尊重，代表認同別人與生俱來的價值與獨特性，儘管別人的感受、想法與自己不盡相同，仍然無損於你對他們的肯定。彼此尊重，代表認同自己與他人的價值，瞭解自己雖然不能控制別人，但可以決定自己的行為與想法。比方說，告訴頂嘴的小朋友「你不可以這樣跟我講話」不僅無濟於事，也沒什麼道理，因為事實是孩子「可以」這樣講話，他才剛講過呢。處罰也沒有幫助，孩子只會把同樣的行為搬到檯面下去做。你一定也聽過孩子小聲嘀咕一些難聽的話，但你要是問他：「你剛剛說什麼？」孩子只會若無其事地回：「沒有啊。」

面對孩子頂嘴，爸媽不妨這麼回應：「你現在的態度很不尊重，所以我沒有辦法跟你談，等我們可以彼此尊重的時候再來討論這件事。」說完直接離開。用這種方式回應更有效、更尊重孩子，也更自愛。接下來，父母可以把問題排進家庭會議的議程（或是安排時

愛太多的父母，容易養成孩子依賴的性格。

間和孩子一對一談話），以便解決問題。

言教不如身教，父母尊重自己、尊重彼此、尊重其他大人，也尊重孩子，小朋友耳濡目染之下，自然也會學著尊重。反過來說，現代社會充斥著謾罵、偏執、欺騙、蠻橫無禮的行徑，孩子見狀，也會學到不尊重的態度。

我們常常引用阿德勒的說法，是因為阿德勒率先提出了「尊重每個個體」的概念。阿德勒對尊重的定義包括「平等」，此處指的並不是齊頭式的平等，而是指男女老幼都不同，但所有人都擁有同等的價值。阿德勒認為，包括孩子在內，每個人都應該擁有尊嚴、獲得他人的尊重。附帶一提，尊重並不代表賦予孩子與大人同等的權利，而是不以羞辱、貶損的方式塑造孩子的行為，教養孩子時以教導代替處罰。尊重，代表承認孩子也是一個個體，儘管還不能享有大人的權利，但仍然擁有同等的價值。同時，這也代表父母必須尊重自己，也彼此尊重。如果父母不尊重家人，或是為了滿足孩子寧可犧牲其他人（包括自己）的需求，孩子就可能在潛移默化之中，學會忽視別人的權利與感受。換言之，孩子不是家庭中

> 彼此尊重，代表認同自己與別人的價值，瞭解自己雖然不能控制別人，但可以決定自己的行為與想法。

唯一的成員，爸爸媽媽也一樣需要歸屬感和價值感！尊重的表現，是健康的愛不可或缺的一部分。

互相尊重的態度以及尊嚴，往往與歸屬感、價值感密不可分。那位大鬧機艙的小朋友馬瑞莎，想必在成長過程中發展出這樣的觀念：只有在大人全心關注她的時候，她才是這個家裡的一分子。如果沒有人注意到她，她就想盡辦法吸引大人的注意力。偏差行為的悲劇在於，它總是能達成目的；父母親確實會關切搗蛋的孩子，有時候錯誤的關切方式，反而在無意間強化了孩子的行為問題。

發展「關鍵七項能力」

H．史蒂芬．格林（H. Stephen Glenn）和簡．尼爾森在《讓孩子做自己的主人》（Raising Self-Reliant Children in a Self-Indulgent World，Prima 出版，二〇〇〇。）一書中，整理出「關鍵七項能力」（詳見後述），包含三大觀念、四大技能，不論對大人或小孩來說，都是帶來成功、充實人生的重要特質。

關鍵七項能力：高恢復力、高效能人士的七種資源

1.正確認知個人能力：「我有能力面對問題和各種挑戰，從經驗中磨練毅力與智慧。」

2.對個人價值感的健全認知：「我的人生有意義、有目標，我以自己獨特的方式，為世界做出別具意義的貢獻。」

3.對個人力量或生活能力的健全認知：「我可以決定自己在人生中的行為，為我的行為與選擇負起責任。」

4.健全的內省和自我管控能力：透過自我評估、自制自律，管理自己的情緒。

5.健全的人際關係能力：溝通、合作、協商、分享、同理、傾聽，與人有效合作的能力。

6.健全的系統性能力：擁有責任感、適應力、變通能力，以正直誠實的態度處理日常生活中的限制與問題。

7.健全的判斷能力：擁有智慧與理解力，能基於倫理、道德原則做出判斷。

顯然不少成年人都缺乏上述特質，「愛太多」的環境也難以養成這些特質，那孩子究竟該如何發展出「關鍵七項能力」？

愛太多的父母有個症狀，那就是替孩子做好每一件事。從表面上看來，父母確實對孩子很好：孩子衣食無缺，享受無微不至的照顧，不必操心繁重的家務和責任，想要的東西應有盡有。但孩子學到了什麼？替孩子做好每一件事的問題在於，孩子可能認為自己沒有能力把事情做好。

有位媽媽向家長課程求助，因為她的兒子老是忘記把便當、外套、作業帶到學校。主持人問她：「妳都怎麼處理這個問題？」那位媽媽回答：「我只好每天早上把他的東西載到學校，我不希望他著涼、餓肚子，也不希望沒交作業影響到他的成績。」只要這位媽媽還願意驅車到學校為兒子解決問題，這位小朋友就沒有必要學習組織能力，也不必要求自己自制、自律。如果媽媽願意放手讓兒子體驗寒冷、飢餓，讓他拿一次低分，孩子學到教訓的速度之快，鐵定連媽媽都嚇一跳。少吃一餐不會危及孩子的生命，一天沒穿外套不會害孩子得肺炎，而且正如前文所述，把失敗當成學習機會，它就是生命中最寶貴的經驗。

必須在此強調，我們不鼓勵爸媽把不准孩子吃飯當成一種懲罰手段，也不應疏於照顧孩子。要幫助孩子探索行為的後果，父母親可以用同理的態度問小朋友：「你覺得為什麼

為孩子做好每一件事的問題在於：孩子可能認為自己沒有能力把事情做好。

會發生這種事？你會怎麼解決問題？」只需要簡單的問句便能達到效果，同時幫助孩子成長。

有一件事不僅能為孩子帶來莫大的鼓勵，而且每位爸爸媽媽都做得到，那就是教導孩子，讓孩子學習成功所需的技能。問題在於，教孩子需要時間與耐心，許多家長覺得不如自己動手替孩子把事情做好，或是一見孩子犯錯直接處罰，「在當下」看起來顯得簡單許多。一旦孩子認為凡事吵鬧、撒嬌就能使父母妥協，不必自己動手，或者只要接受處罰就可以不負責任，那可就傷腦筋了。

馬可是位單親爸爸，洗衣服對他來說是一場噩夢。他十歲的女兒葛溫老是不把髒衣服放進洗衣籃裡，馬可得翻遍衣櫃、床底，幫女兒把亂丟的衣服挖出來。不只這樣，葛溫是個愛運動的陽光女孩，回到家總是把又濕又臭的襪子隨便脫成一團，馬可實在痛恨幫她翻襪子。馬可認為他什麼方法都試過了：訓話、威脅，把葛溫的髒衣服堆在她房間地板上，葛溫都不為所動。她繼續我行我素，髒衣服和臭襪子愛扔哪就扔哪。到最後，總是爸爸負責把所有衣服收來洗。

一天傍晚，馬可向朋友抱怨女兒的壞習慣。朋友問他：「你為什麼要幫她收拾善後？」馬可發現他答不上來。葛溫的壞習慣根本沒有影響她的生活！馬可這才想清楚，女兒遲早要離家獨立，她一定得學會好好處理衣服。

那個週末，馬可找女兒坐下來談談，用冷靜、友善的態度告訴她：「葛溫，妳也知道我實在找妳的衣服找得很累，也不喜歡幫妳翻襪子。從今天開始，」他語氣溫和地說，「我只會洗籃子裡的衣服，如果妳直接把襪子整團丟進去，我就直接這樣洗。我沒洗到的衣服，妳要自己負責囉。我會教妳怎麼用洗衣機和烘衣機。」

葛溫看了看她老爸，翻了個白眼。「隨便啦，」她不以為然地聳聳肩。

馬可說到做到。果然不出他所料，沒過多久，問題就發生了。星期一早上，葛溫悄悄跟進他房間問道：「爸，我那件麋鹿牌的長袖運動服在哪裡？我今天要穿！」

「我不知道耶，」馬可說，「妳有把它丟到洗衣籃嗎？」

「我不知道！」葛溫怒吼。「我又不會做這些事，平常都是你在弄！」她跑回房間，最後在書桌後面找到運動服。

「看來妳只好直接穿了，不然就是今天晚上拿去洗。」馬可同情地說完，便離開房間，繼續準備出門。他聽見葛溫在房間裡低聲抱怨，但忍住不去幫她解決問題。果不其然，當天傍晚，馬可準備晚餐的時候，葛溫在吧檯旁坐了下來。

「爸，今天早上對不起啦，」葛溫開口。「我有點失控了。你可不可以再教我一次怎麼洗衣服？我發現我最好的那條牛仔褲塞在床底下。」

馬可微微笑了。「好啊。過來這邊，我先煮義大利麵給妳看，來聊聊妳今天過得如何吧。吃完晚餐我再教妳用洗衣機和烘衣機。」

隨著時間過去，馬可發現，雖然父女倆偶爾還是會為家事吵嘴，不過選擇把技能教給女兒、信任女兒解決問題的能力，對他們兩人都有所幫助。馬可不再忙得心浮氣躁，葛溫也對她自理日常生活的能力引以為傲。父女雙方在過程中都費了不少精神和耐心，但是長期下來帶給葛溫的正面影響，證明他們的努力沒有白費。

關鍵七項能力：健康自尊心的基礎。「自尊」是個捉摸不定的概念。大多數人都以為，只要獲得「良好的自尊」它就永遠是你的，但事實並不然。自尊心是一種來來去去的感受，端看我們身處何種情境，以及個人如何詮釋這些情境而定。與其採取許多父母、老師常見的做法，灌輸孩子「溫馨、空洞」的自尊觀念，還不如鼓勵孩子發展問題解決能力，建立面對挫折的自信心，才能教出心態健康的孩子。能力與自信不會從獎盃、讚美、笑容、過度保護的環境中無中生有，而是來自所謂的「勝任經驗」，也就是成長、學習過程中，每個人都必須克服的挑戰。孩子必須學習實用的生活技能，父母也應該給孩子實際運用技能的機會。若是成功了，成就感便是孩子最好的回饋；失敗了，孩子也能從錯誤中學到教訓（犯錯的經驗，也是能力與自信的重要來源）。

愛得健康的父母會明白，學習技能、犯錯、克服問題，對孩子來說都是必要的經驗；

給孩子成長的機會，當他們奮力踮起腳尖、伸長手臂，才會知道自己也能學習新知、承擔風險。讓孩子自己面對問題、探索解決方法，從結果中學到教訓，才能培養出健全的判斷能力。父母不會永遠走在孩子前面，幫孩子鋪好平整的道路；健康的愛，意味著訓練孩子做足準備，才能在充滿困難與挑戰的世界中活出成功人生。

社會情懷

談到尊重的時候我們也提過，現代社會中還是有很多年輕人對自己的家族與社群抱有關懷之心，願意奉獻、與人合作。然而，確實也有許多年輕人並非如此，他們在生命中最關切的是「我能得到什麼利益？」如果你也覺得教孩子「關懷」是件重要的大事，又該怎麼教呢？

如果有機會到幼稚園，請你找個時間坐下來觀察小朋友的行為。你會注意到，這個年紀的小朋友喜歡擁有自己分內的「工作」，喜歡負責做某些事情。幼稚園老師受到的訓練，通常都會強調要給孩子安排工作，孩子會在過程中認識自己的能力，也會逐漸發展出社會情懷。

回到家裡，許多小朋友都想幫爸爸媽媽吸地板、噴清潔劑。這份助人的熱忱最後怎麼了？前文也提過，父母替孩子做得太多，孩子就學不會為人奉獻，反而認為讓別人為自己服務才是愛的表現。

忙碌的父母往往叫孩子「到一邊玩耍」，畢竟教導孩子學習一項技能費時又費力，而且孩子也無法達到我們的做事要求。不幸的是，有些大人自己也沒有培養出寬大的胸襟與社會情懷；他們斤斤計較又吝於施捨，沒有時間為人義務服務，鄙視比自己不幸的人，嘲笑他們是「太懶散」才沒工作。孩子耳濡目染之下，自然也會學到同樣的價值觀。

培養社會情懷與寬大胸襟的機會俯拾皆是。教孩子懂得關懷，是健康的愛不可或缺的基礎；關懷不僅豐富了孩子的人生價值，同時也是你留給這世界最偉大的恩惠。

認識、處理自身感受的能力

威廉・帕列克（William Pollack）於其著作《教養新好男孩》（Real Boys: Rescuing Our Sons from the Myths of Boyhood，Random House 出版，一九九八。）當中提到，我們的文化鼓勵男孩子抽離自己的情緒，隨時展現堅強、「沒事」的模樣。他認為，這種與自身感受的「疏離」，正是造就了社會上無數男性壓抑、憤怒、暴力的主因之一。

其實不論男女老幼，所有人都必須學會管理自己的情緒。情緒是人生的原始資料，解讀自己內心的感受、學習運用它們做出決定，才能發展出良好的判斷能力，學會解決問題的技巧。不幸的是，許多人卻學著埋藏自己的情緒，或是把情緒轉嫁到周遭的人身上，這些都不是健康的處理方式。

愛太多的父母，往往受到孩子的情緒左右。他們希望孩子過得「快樂」，任何孩子不快樂的徵兆，對他們來說都是喚起行動的信號，於是父母立刻趕到孩子身邊提供娛樂、安慰、安撫。

自我安撫。日常生活中，焦慮無所不在。焦慮出現在一個人心生恐懼、事與願違、遭人拒絕、面對未知事物、感到受傷、無力的時候……這清單長得看不見盡頭，尤其在忙亂的現代社會中更是如此。好消息是，我們生來就具備處理焦慮（自我安撫）的能力，也能學會其他克服焦慮的技巧。壞消息是，許多愛子心切的父母認定孩子的情緒是爸媽的責任，太早介入孩子的情緒，搶走了孩子學習自我安撫的機會。孩子與生俱來的自我安撫能力難以發展，父母又急於「解決」孩子面臨的每一個問題，無暇教導孩子處理焦慮的技巧。

自我安撫，是管理、掌握情緒的能力，同時也是面臨焦慮、煩惱、壓力時讓自己平靜下來的能力。這是孩子天生具備的天賦。[1]自我安撫是如何進行的？一個人心生焦慮的時候，自我安撫就是回到自己的中心、等待情緒平復的能力。有時候我們必須學著忍耐，靜待挫折或不適遠去，也要知道我們可以做些事情（例如出門散心）減輕負面感受。焦慮感也有程度之分，某些焦慮情緒也許需要更多時間自我安撫才能平復。

父母放手讓孩子處理自己的情緒，就是一種健康的愛。這不代表爸媽必須拒絕安慰孩子、給予支持，有時候最好的支持正是告訴孩子：「你一定可以好好感受自己的情緒，從情緒裡學到寶貴的經驗，我對你有信心。」父母也可以提供其他形式的支持，例如教孩子運用「正向暫停」，幫助孩子靜待情緒過去。父母不妨和孩子一同學習轉移注意力的方式，有時候靜靜坐著（也許可以冥想一會兒），出門散步，讀一本好書，擾人的情緒自然會慢慢淡化。也可以引導孩子尋找情緒中的「訊息」：「這個情緒帶給我什麼啟發？」甚至可以問孩子是否需要爸媽的陪伴，還是想要獨處一下？給孩子一段時間獨處，不僅對於處理煩悶情緒有所幫助，孩子也可以學習度過缺少刺激的寧靜時光。

獨處時光。孩子需要時間獨處，才能維持與生俱來的自我安撫能力。父母若是將孩子的情緒視為自己的責任，也許會誤以為孩子隨時需要娛樂。為孩子提供感官刺激、遊戲娛樂並沒有錯；不過，爸媽們如果想尊重孩子自我安撫的能力，也許比較好的方法，是讓孩

> 我們天生具備好幾種處理焦慮（也就是自我安撫）的能力，也有能力學會其他克服焦慮的技巧。

子在玩樂和獨處時光之間找到平衡點。如此一來，看見小嬰兒自己玩腳趾（或是玩搖鈴）時，父母才不會誤以為孩子需要大人持續給予刺激，反而能放手讓孩子學習獨處，不會感受到不必要的愧疚。孩子在學習過程中不免多花一點時間，父母不妨對孩子處理情緒的能力多一點信心。

讓孩子表達情緒。父母以愛為名犯下的常見管教錯誤之一，就是控制孩子的情緒，甚至要求孩子不要有情緒。這類父母會對孩子堅持：「沒什麼好怕的！」或是「不准用那種語氣跟我講話！」最常見的一句則是「不要哭」。年僅兩歲的小安東尼，經過大人訓誡好幾次「不要哭——我叫你不要哭」之後，他在受傷、害怕的時候仍然渾身顫抖，卻不再哭了。從幼齡開始，孩子已經能學會否認自己的情緒。

是不是因為父母長年受到的教育總是要求我們否認自己的感受，所以才不忍見孩子體會痛苦？這些父母是不是認為他們在「保護」孩子免於別人異樣的眼光，免得小男孩掉眼淚的時候，旁人笑他們是「娘娘腔」、不夠「陽剛」？有多少父母聽過這句威脅：「不准哭，再哭就打下去！」

不論孩子哭泣的原因為何，都會使大多數父母感到極度的不自在與焦慮。因此，父母的反應往往是想要保護孩子免於痛苦（有時候情況則是：父母已經承受了巨大壓力，孩子的哭聲又讓父母的神經緊繃到臨界點）。然而，扼殺孩子的情緒表達，反而會帶來更多痛苦。儘管這些父母立意良好，這種管教方式造成的結果卻適得其反。情緒受到漠視，對孩子來說是非常難受的一件事。這時父母若能肯定孩子的感受，不僅滿足了孩子的情感需求，同時也能培養孩子剛萌芽的自我安撫能力。爸媽可以告訴孩子：「哇，真的很痛哦。」或是：「你一定很害怕對不對？」不妨把「不要哭」換成「如果你想哭，可以哭一下沒關係」，孩子就能感受到爸媽的支持。

父母大都以為孩子的自尊心弱不禁風，凡是與人競爭、感到受傷，或是朋友都有的東西自己沒有，孩子的自尊就會大受損傷。現在有的兒童足球聯賽就完全不計分——從此再也沒有人會當輸家了！人人有獎盃、人人是贏家，確實是崇高的理想。不過，只要問問上場比賽的小球員就知道了，隨便哪個孩子都能說出確切的比分。事實是，**或輸或贏、遭逢挫折，都是人生的一部分。父母若沒有教給孩子面對現實的必要技能，對孩子絕對沒有好處。**

> 扼殺孩子的情緒表達，反而會帶來更多痛苦。父母若能肯定孩子的感受，不僅滿足了孩子的情感需求，同時也能培養孩子剛萌芽的自我安撫能力。

前文也提過反映式傾聽、積極聆聽等溝通技巧，可以幫助親子雙方認知、表達自己的情緒，而不會反遭情緒吞噬、控制。愛得健康的父母會學習傾聽孩子的感受，察覺情緒背後傳達的訊息，從旁協助孩子解決問題，避免說教、控制，也不會插手救援。如此一來，孩子即可練習認識自己的情緒，從情緒中學習，並以尊重的態度表達情緒——這也是孩子長大之後，維持穩固人際關係與心靈平靜最重要的特質之一。

給孩子真正需要的教養

也許你讀到這裡不禁會感嘆，要給孩子健康的愛真不簡單！教孩子尊重、生活技能、社會情懷、處理情緒的能力……樣樣不可少。沒錯，父母要用健康的方式愛孩子，不僅得有耐心、有想法，還得保持自律；父母必須一一考量日常行為造成的長期影響，偶爾還得在第一線承受孩子爆發的沮喪與挫折。父母必得夠堅強、夠慈愛，才能擔起健康養育孩子的重任。

滿足孩子的所有願望總是比較簡單（至少當下是如此），但是對家庭和整個社會而言，最重要的是給予孩子真正需要的教養，幫助孩子長成健康、快樂、積極的成年人。

---

[1] E・Z・托尼克（E. Z. Tronick）與A・嘉尼諾（A. Gianino）針對嬰兒自我安撫的能力做了一項研究，發現嬰兒每分鐘會進行數次自我安撫（引自《零歲到三歲：美國國家中心嬰兒臨床計畫期刊》（Zero to Three: Bulletin for the National Center for Clinical Infant Programs，第六卷第三期，一九八六年二月）。如果有機會觀察小嬰兒，你也會注意到同樣的現象：小嬰兒集中注視特定的人或物體幾秒之後，會先移開目光，將注意力轉回自己身上，才會再次凝視相同物體，或是繼續觀察下一個事物。

第11章

爸媽請先瞭解自己

星期四早上，艾蜜莉在最喜歡的咖啡店和妹妹瑪姬碰面。幾年前開始，姊妹倆養成了每週在這兒見面的習慣，兩人都很珍惜這段閒話家常的時光，彼此分享孩子與家庭的近況。對她們來說，這一天就像忙碌時光中一塊寧靜的島嶼。但是，今天艾蜜莉馬上注意到，瑪姬看起來情緒緊張，面色憔悴。

「妹妹，妳怎麼了？」艾蜜莉帶著關切的微笑問道。瑪姬看見姊姊擔心的表情，眼淚奪眶而出。「還能有什麼事，」她說：「還不是曼達。」

艾蜜莉遞過一張餐巾紙給瑪姬，瑪姬擤了擤鼻涕，啜了口咖啡。「真不知道該拿那孩子怎麼辦，」瑪姬終於開了口：「我一直以為青春期至少要到十三、四歲才開始，但曼達才十一歲，行為就已經失控了。昨天晚上，她跟我說要和好朋友潔西、金莉去逛街，但金莉說溜嘴，我才發現她們要去跟幾個八年級的男生見面。曼達還化了妝，我根本不知道她是從哪弄到化妝品的。我告訴曼達，她年紀太小，不可以跟男生出去，結果她就當面頂撞我，尖聲罵我婊子，妳敢相信嗎？然後我就失控了，氣到抓狂。我叫潔西和金莉離開，硬把曼達推進房間，對她破口大罵，她也吼回來，措辭很不尊重，我真想摑她巴掌。吵到一半，我想起小時候媽不讓我跟比利去參加舞會，我跟她人鬧家庭革命的那一次。妳記得嗎？」

艾蜜莉點點頭。「那次也吵得很激烈。」

瑪姬又哭了起來。「我一直發誓，如果我這輩子生了個女兒，我絕對不會用同樣的方式對待她。我會跟她好好溝通，和平共處，永遠不會對她大吼大叫。然後看看我現在是什麼樣子！我和曼達每天對罵。我愛她，但我真的好擔心——她太急著長大了，我又管不住她。我該怎麼辦才好？」

看了瑪姬的處境，想必天下無數的父母都心有戚戚焉。我們一心為孩子好，卻還是難免犯錯，對孩子做出處置，自己事後又懊悔不已。面對孩子的行為問題，父母衝動、憤怒的反應容易使得狀況惡化，這點並不難理解。但是最令人憂愁的是，許多愛子心切的父母都經過深思熟慮，為孩子做出最好的選擇，卻仍然眼睜睜看著孩子大鬧、輟學、做出錯誤的選擇、反抗父母、惹上一身的麻煩弄得遍體鱗傷。現代年輕人面臨的環境如此險峻，父母只能祈禱孩子惹上的麻煩不會造成永久的傷害。

世上沒有完美的父母，也沒有完美的孩子。好消息是，我們不一定要做到完美。犯錯確實是學習、成長的良機。有效、健康的教養方式的一切內容，不外乎：眼光放遠、考量

好消息是，我們不一定要做到完美。犯錯是學習、成長的良機。

長期影響、善用常理判斷、學習實用的教養技巧、帶著滿懷的愛心耐心與一點點信心。然而對不少父母而言，改變仍然不簡單，有些事總是知易行難，儘管理智上接受了某些觀念，執行起來卻是一大挑戰。許多家長會在管教過程中突然發現，他們其實不知道自己為什麼選擇這麼做。大多數父母都曾經對孩子「失控」，眼睜睜看著我們最糟糕的特質在一瞬間全都浮現出來。究竟是什麼因素，阻礙父母用健康的方式表達對孩子的愛？改善現況為什麼這麼困難？

父母也曾經是個孩子：經驗的力量

有道是，人若不懂得以史為鑒，則必重蹈覆轍。人際關係沒有這麼單純易懂，不過父母確實常基於過去的兒時經驗做出反應，有時是刻意為之，有時則是潛意識中產生的傾向。

請往窗外看一看。你也許看見了綠樹、建築、繁忙街景，卻很可能沒注意到決定視野的窗框和窗玻璃。同樣的道理，生命歷程中累積的想法、感受、判斷，也形塑了你看待自我、看待人際關係與未來可能性的方式。而且，由於這些判斷從幼年時期就開始累積，所以你也許不會注意到它們的影響力有多大。例如瑪姬，她下定決心不要成為像母親一樣的家長，卻發現自己身陷於對女兒的關切與憤怒當中，無意間重複了上一代既傷人又無效的管教方式。艾蜜莉和瑪姬從小由同一位母親帶大，基因與兒時經驗也多有相似之處，但艾蜜莉完全有可能做出截然不同的教養決策，帶來不一樣的結果。為什麼呢？

自我覺察是改變的第一步。如果你發現自己有時候會用不健康、沒有幫助的方式表現對孩子的愛，那麼瞭解自己，就是理解、改變親子關係最好的方法。

你之所以為你

究竟是遺傳還是環境對人的影響比較顯著？這是專家長年辯論的議題。遺傳，指的是基因以及承襲自雙親的生理特質；環境，指的則是家庭狀況與外在情境。許多學者與人類行為學家認為，「人格特質」是這兩項因素交織而成的複雜舞蹈。另有一派看法，例如茱蒂・哈里斯便於《教養的迷思：父母的教養能不能決定孩子的人格發展？》（The Nurture Assumption: Why Children Turn Out the Way They Do，Free Press 出版，一九九八。）一書中指出，父母對於孩子的人格發展幾乎沒有影響，基因與同儕才是決定孩子人格特質的關鍵。

阿德勒學派心理學家則認為，除了遺傳和環境之外，還有第三個影響人格發展的重要因素，那就是每個人下意識做出的判斷與決定：自己該怎麼做，才能找到歸屬感、安全感、價值感？換言之，最重要的不是周遭發生了什麼事，而是你對這些事情做出的詮釋，這才是決定性的關鍵。你的詮釋會建構出你看事情的窗口（濾鏡）以及框架，未來的所有經驗，都必須透過這層濾鏡認知，也就會塗上你獨有的色彩。[1]

養育你的人，不論是父母、祖父母、養父母、繼父母、保母，都決定了你的成長環境以及幼年經驗。想想看，下列幾項因素，在成長過程中對你的家庭產生了何種影響？[2]你對它們、對自己，又分別做出了什麼樣的決定？（不妨試著寫下過程中的發現與判斷；為這趟走向自覺的旅程留下紀錄，也許對你有所幫助。）

環境

幼童對這個世界的經驗有限，自然會以為所有家庭都和自己家大同小異。等到孩子長大了，開始接觸更廣的社交圈，才會發現每個人的家庭狀況大不相同。許多人都有類似的回憶：小時候到某個朋友家玩，才瞬間瞭解並不是所有家庭都像自己家一樣溫暖（或像自己家一樣暴力、冷清、吵雜）。

影響家庭環境的變數有上百種，基於每一種變數，孩子可能做出的決定、形成的觀念也有上百種。回想一下你自己的家庭環境以及兒時的決定，也許有所幫助。你是否出身於衣食無虞的家庭，住在溫馨舒適的家裡？還是出身貧寒，難求一頓溫飽？你生活在大家庭還是小家庭？你的種族、文化背景，是否影響了你對男性、女性、親子教育的觀念？你生活在擁擠的市區，外圍郊區，還是遠離塵囂的鄉間？左鄰右舍都是與你同類型的人，還是背景完全不同的人？在當時的環境中，你對自己、對世界做出了什麼樣的決定，又認為該怎麼做才能存活？

花一點時間深入你的思想系統，寫下你當時的決定，也許會很有幫助。值得注意的是，大多數的決定都是在潛意識中發生（阿德勒學派心理學家會說，這是「不知不覺中」做出的決定——兩者大不相同，因為不知不覺間做出的決定較容易察覺，要注意到深埋在潛意識當中的想法則較為困難）。花些時間思考，你就能注意到自己下了什麼樣的決定。你現在想給孩子什麼樣的環境，是否也受到當時的決定影響？

我們必須再次強調，大多數的成年人從來沒有想過：孩子在日復一日的生活當中究竟做出了什麼決定。這是個巨大的盲點。因為孩子的這些決定，會為孩子的人格打下基礎。父母必須徹底改變觀念，開始考慮孩子可能做出的決定，以及它們對孩子產生的影響；同

最重要的不是周遭發生了什麼事，你對這些事情做出的判斷，才是決定性的關鍵。

時也要有耐心，因為父母永遠只能猜測。探索自己過去的決定，不僅有助於改變觀念，也會影響你未來的教養方針。

家庭氣氛

每個家庭都有獨特的「氣氛」，這是一種主要的情緒，影響所有生活在其中的人。你的家庭氣氛是歡樂、熱情、尊重，還是疏離、冷漠？是否播放著輕柔音樂、電視的嘈雜聲響，還是一片沉寂？你也許還記得，小時候總是期待放學回家，因為一打開家門就會聞到烤餅乾的香味，聽到大人在廚房裡談笑。或者你放學後總是往朋友家跑，一待就是好幾個小時，因為你知道自己家裡充斥著淚水、怒罵、砸東西的巨響。或者你家總是空蕩蕩的，沒有人在。家庭裡的「氣氛」擁有強大的影響力，決定了家庭成員在其中採取什麼行動、對自己與他人形成什麼樣的判斷。

在兒時的家庭氣氛下，你對自己、對世界形成了什麼判斷與決定？你認為該怎麼做才能在家庭中好好生活下去？如果你有兄弟姊妹的話，你覺得他們所做的決定是否與你相同？過去形成的判斷，是否影響你想為孩子打造的家庭氣氛？你希望自己的孩子做出什麼樣的決定？

父母的價值觀

父母是孩子的第一個老師，不只教孩子認字、算數，也給孩子上了人生最重要的幾堂課。不論是誰將你拉拔長大，生命中的大人教導你「對」與「錯」的觀念（這是非常主觀的認知），以身作則，為你示範生命中該以哪些事物為重。大人將自己心目中的價值標準傳遞給你（做人要誠實；應該與背景類似的人往來），教你重視教育、累積金錢和資產，帶你信仰特定宗教，或是要你提防不同種族、膚色的人。你慢慢形成對男人的印象（他們會遺棄家庭、會開口怒罵；他們有支配欲；他們和善又強壯），以及對女人的印象（她們弱不禁風；她們滿懷母愛；她們尖酸刻薄；她們應該服從丈夫）。你從大人身上習得某些倫理、道德觀念，並觀察周遭人們的性格。

前文也提過，有時候我們所下的決定，是對上一代價值觀的一種反叛。假如父母親強制要求你信仰特定宗教，你有可能承襲他們的信仰——也可能決定成為無神論者。假如你覺得自己的父親太溫順被動，也許會選擇較「權威」的伴侶。可能得花些時間，才能整理

> 家庭裡的「氣氛」擁有強大的影響力，決定了家庭成員在其中採取什麼行動、對自己與他人形成什麼樣的判斷。

出父母親的價值觀以及你因此做出的決定。不妨試著問自己幾個問題，開啟自我覺察的大門：你對價值觀有什麼看法？如果你家有兄弟姊妹，他們在成長過程中形成的觀念是否有所不同？過去所卜的決定，是否影響了你現在想要傳遞給孩子的價值觀？面對你的價值觀，孩子選擇接受還是抗拒？孩子現在的行為，是否與你兒時對父母價值觀的反應相似，或是恰好相反？

家庭排行

有人說，每個孩子眼中看見的家庭都不同。所以我們常問：「兄弟姊妹是否形成了和你不同的判斷？」只憑單一特質將人歸類不免有以偏概全之嫌，不過確實有幾種特質受到你在原生家庭的排行影響。你是家裡的老大或老么嗎？或是排行居中？又或者是獨生子女？你對自我的想像、獲得歸屬感的方式，都深受出生排行影響。值得注意的是，當兩個大人再婚，帶著上一段關係的孩子組成繼親家庭的時候，等於打亂了家中的排行順序，孩子無論在心理或情感上，都更需要重新建設。

關於出生排行的詳盡論述，已經超出了本書討論的範疇，[3]不過以下有一些初步概念可供各位讀者參考。每一個孩子，不論在家中排行第幾，都必須找到這些問題的答案：「我該怎麼做，才能在這個家裡找到歸屬感？我有什麼特別之處？」孩子針對家中排行發展出來的觀念，會幫助他們形塑自己的身分認同。

對家中的老大來說，關鍵字是第一：老大是第一個孩子，獲得爸媽全部的關愛和心力。一般而言，老大要不是成就非凡，不然就是激進的叛逆分子。他們生活在大人的環繞之下，根據這些大人的反應做出選擇。

老么是家裡的「寶貝」，往往學會運用自己的魅力控制周圍的人；哥哥姊姊們也許會說老么是「被寵壞」的孩子。老么出生的時候，家裡的規矩通常已經較為鬆散，這點也容易導致老么和哥哥姊姊之間的爭執。另外，老么有時候更勇於挑戰規定，因為他們想要早點享有和哥哥姊姊同樣的特權。

排行中間的孩子，則常常感到「迷失自我」；他們沒有老大的特權，也沒有老么的寵愛，必須在家庭中尋找自己獨一無二的定位。為了克服自卑感，排行中間的孩子有時會選擇叛逆，可能有特定的引爆點，也可能找不到特定的原因。

如果在孩子較多的家庭中成長，排行順序又有更多變化了。偉恩・傅里登（Wayne S. Frieden）和瑪莉・哈特威爾・沃克（Marie Hartwell Walker）以七種不同的出生排行為題材，寫了幾首見解獨到的歌曲，[4]其中我們最喜歡的一句歌詞是「這紛紛擾擾的大家庭裡，總有一處你的位置」。

家中排行並非決定人格特質的唯一因素，性格往往是許多因子交互作用下產生的結果。不過，你對於家庭中的身分與定位所做出的決定，確實具有重大的影響力。出生順位是否也讓你做出與前述類似的決定呢？你融入家庭的方式（或發現自己格格不入），是否讓你做出了其他決定？兄弟姊妹又做出了哪些決定，是否吻合前述的分析？以這些資訊為基礎，請猜猜看你家孩子會因為出生排行做出哪些決定，他們會如何理解自我？他們是否覺得自己融入家庭？

父母的教養風格

不論養育你的是生父母、單親父母、繼父母還是祖父母，這些大人在成長過程中負責指導你的行為，他們自有一套管教方式；現在深植於你心中的教養觀念，很多都能追溯到他們的教養哲學，以及你對上一代教養方式的反應。你的父母是否採取極端的教養方式，例如控制、縱容？他們是否有虐待傾向，或是疏於照顧孩子？還是他們採取了溫和且堅定的教養態度，為孩子設下健康、合理的限制，發生問題時一起尋找解決辦法（而非責備）？

> 你對於家庭中的身分與定位所做出的判斷，是重大的影響因素。

假如你的父母是屬於權威型的，視服從為無上的家規，你也許會決定順從，免得惹麻煩上身；你也可能會選擇反抗，以彰顯自己的個體性。假如父母為酒癮、藥癮所苦，你對親子關係的感受、想法、判斷也許會截然不同。現在，既然你有了自己的孩子，就必須決定自己要承襲哪一套教養哲學。讀到這裡，你應該也看出了長期思考、長程教養的重要性：反思父母的教養方式，以及自己當時採取的反應，你就能根據這些資訊，為自己和孩子決定最「適合」的教養方式。

許多父母採取「慣性被動」的教養方式，一切順其自然（依賴下意識的判斷，沒有意識到它們的影響），最後才覺得奇怪，為什麼孩子怎麼教都沒有用？父母的教養風格給你什麼感覺？如果你和雙親住在一起，爸爸、媽媽的教養風格是否相同？兩者有什麼差別？你和雙親互動的時候，對於自我與世界的詮釋以及生存策略，是否也隨之不同？這些觀念是否影響了你的教養風格？你的教養風格是經過深思熟慮後才行動，與自己過去的決定無關（即使是最有自覺的父母都不太可能做到這點），還是常常依據兒時的決定做出回應？

探索自己的家庭背景，思考當時做出的決定——這是真正瞭解你自己和孩子的一種方式，同時也能藉此做出真正有效的教養決策。如果探索過去的經驗對你來說太困難、太痛苦，不妨尋求合格諮商師或互助團體的協助。

你還記得這一章開頭提到的瑪姬嗎？她決定去找諮商師談談，化解她對母親的憤怒，並瞭解自己重複相同教養模式的傾向。艾蜜莉陪她去了幾次，姊妹倆都更瞭解自己來自哪裡、又想要走向何方。她們都領悟到，童年經歷也許別無選擇，但是她們可以選擇自己現在的模樣，對孩子的未來發揮決定性的影響力。我們每一個人都擁有同樣的機會。

活出自己的人生，而不是孩子的人生

父母的教養之路上，還有另一項影響因素。父母下意識做出的教養決策，可能帶有過去對自己的期待、自己無法實現的夢想、無法達到的目標，還有對孩子的期許。大家都聽過飽受挫折的運動員將足球放在小嬰兒的搖籃裡，或是懷才不遇的音樂家早早將孩子送去上音樂課。有的家長斬釘截鐵地說：「除非小朋友自願去學，不然我絕對不會做這種事。」也有家長認為，「這麼做哪裡不對？我不希望孩子跟我犯下同樣的錯誤。」有時候，我們對孩子的期待是如此根深柢固，以致我們努力不懈，只為了讓深埋的夢想重見天日。

反思父母的教養方式，以及自己當時採取的反應，你就能根據這些資訊，為自己和孩子決定最「適合」的教養方式。

對孩子有所期待，難道不好嗎？當然不是——只要孩子也懷著和你相同的期待就好。接受孩子真正的模樣，也是健康愛的一部分。孩子樸實的樣貌，也許和你的期望有所落差；睿智的父母明白，教養的目標是為了孩子未來的人生做準備，而大多數人在跟隨心之所向、追尋夢想的時候，才能活得最快樂、最積極。

對父母來說，要接受孩子截然不同的價值和期望確實不簡單。也許你對大學教育的價值篤信不疑，女兒卻志願從軍。你有自己重視的嗜好、興趣、運動，兒子卻對它們不屑一顧。也許你期待抱孫已久，孩子卻突然宣布出櫃。自我覺察與真誠的愛，意味著父母必須拋開固有的期待，學習擁抱孩子實際擁有的特質。

孩子是上天的恩賜，而不是一種資產。正如我們無法改變天氣，我們也同樣無法改變孩子天生的樣貌，只能提供適當的養分，協助孩子綻放出最美好的潛質（追尋他們內心的渴望，而非父母的期待）。紀伯倫（Kahlil Gibran）的詩作《先知》（The Prophet）寫出了這個道理的精髓：

> 睿智的父母明白，大多數人在跟隨心之所向、追尋夢想的時候，才能活得最快樂、最積極。

孩子不是你的兒女，
他們是生之渴望產下的兒女。
孩子經由你降生到世上，你卻不是他們的源頭；
孩子與你相伴，卻不屬於你。
請給他們愛，但別灌輸你的想法，
因為孩子有自己的想法。
請留宿他們的肉體，但別綑綁他們的靈魂，
因為孩子的靈魂以明日為居所，你即使在夢中也不得探訪。
你可以模仿他們，但千萬別指望他們與你相像。
因為生命從不倒流，亦不逗留於昨日。

俗話說得好：好父母不僅給孩子安穩的根基，也給他飛翔的翅膀。健康的愛、持之以恆的教導、有效的教養技巧，能提供孩子根基；父母若有足夠的勇氣活出自己的夢想，同時放手讓孩子追尋自己的夢想，這就給了孩子飛翔的翅膀。放手讓孩子做真正的自己，也許是天下父母最慈愛的表現了。

1 若想進一步瞭解思想系統，以及超越這層濾鏡的方法，請參閱《走向寧靜：瞭解真我的四大原則》（From Here to Serenity: Four Principles for Understanding Who You Really Are，Prima出版，二〇〇〇。），簡・尼爾森著。

2 琳・洛特（Lynn Lott）、瑞基・印特諾（Riki Intner）、芭芭拉・曼登霍爾（Barbara Mendenhall）的個人成長傑作《做你自己的心理治療師》（Do It Yourself Therapy: How to Think, Feel, and Act Like a New Person in Just 8 Weeks，Career Press出版，一九九九。），指出環境中數種影響個人判斷的因素，並詳細建議讀者該如何處理它們。

3 想更瞭解出生排行的影響，請參閱簡・尼爾森著，《溫和且堅定的正向教養》（Positive Discipline，Ballantine出版。中譯本由遠流出版）第三章。

4 偉恩・傅里登、瑪莉・哈特威爾・沃克作，《家庭歌曲》（Family Songs，麻州大學阿姆赫斯特分校教育研究中心發行）。

第12章

人格特質：你把什麼擺在第一位？

現在，既然你已經理解了自己人格特質的源頭，深入探索這些特質，看看它對你自己和深愛的人有何影響，也許會有所幫助。觀察、描述人格特質的方式有很多種，不過我們首先必須瞭解：把每個人貼上標籤、分門別類毫無幫助，只是限制了人類的可能性罷了。可是，若能學會用一套方法描述自己的特質、分析自己做出選擇的過程，這樣確實對你自己很有用。本章採用的方法稱為「生活型態偏好」（lifestyle priorities），這套方法是從以色列心理學家尼拉・凱弗爾（Nira Kefir）的僵局／偏好理論（impasse/priority）為基礎發展而成，後來也有許多阿德勒學派心理學家進一步擴充這個理論，包括比爾與米姆・皮尤（Bill and Mim Pew）、史蒂夫・坎寧罕（Steve Cunningham）、芭芭拉・費爾菲德（Barbara Fairfield）、琳・洛特等學者皆在此列。

我們再三強調一件很重要的事：你必須意識到孩子對自己、對你、對生命做出的決定。到了為人父母的年紀，你已經累積了大量下意識的決定與信念，關於你自己是誰、該如何找到歸屬感與價值感，你已有自己的一套看法。這些決定結合在一起，便形成了你的「生活型態偏好」。你擺在第一位的偏好並不能代表你的人格全貌，只是描述你在追求歸屬感與價值感時，傾向選擇什麼樣的行動。

共有四種生活型態偏好，分別是控制、安逸、取悅、優越。請看表 12.1，你會發現每一種特質都各有其優缺點。每一種特質分別解釋了這一類型的人如何避免自己內心最大的

表 12.1 四種生活型態偏好

偏好類型	最害怕的事情是	他們相信，為了避免最害怕的事，應該這樣做：	優點	缺點	無意間引發別人：	造成這些傾向，又因此感到不滿：
安逸	身心的痛苦與壓力；他人的期待；遭受他人逼迫	尋求舒適；要求別人的服務；讓周遭的人感到舒適；避免衝突；選擇最輕鬆的路走	好相處；不苛求；做好自己的本分；和事佬；圓融；富同理心；安定	有才華卻不加磨練；畫地自限；逃避個人成長	惱怒；模仿；無聊；不耐煩	生產力下降；不耐煩；缺乏個人成長
控制	丟臉；批判；出乎意料的事	控制自己、他人、整體情勢	領導力；組織力；富生產力；堅持不懈；有主見；守規矩	不知變通；缺乏創造力、自發性、社會親密	叛逆；反抗；挑戰；挫敗	缺少朋友與親密關係；感到緊繃
取悅	遭人拒絕、遺棄；麻煩事	取悅別人；主動尋求肯定；被動引起他人憐憫	友善；體貼；懂得讓步；不好鬥；自願為人服務	單方面討好別人，沒有確認對方感受；不懂得照顧自己	一開始感到愉快，後來則感到怨恨而拒絕	缺乏對自己與他人的尊重；心生怨恨
優越	沒有意義；缺乏重要性	做得更多；超越別人；做對的事；成為更有用、更優秀的人	知識淵博；有理想；堅持不懈；具社會情懷；主動把事情做好	工作狂；負擔過重；承擔太多責任；過度投入	自卑、內疚感；「我怎麼可能做得好？」；為了避免遭受批判寧可說謊	被壓垮；時間總是不夠用；「我必須負責做好每一件事」

恐懼，也就是威脅到歸屬感與價值感的事。感受到威脅、壓力，或是面臨變動的時候，我們都會根據自己的生活型態偏好行動。

生活型態偏好的用意在於自我保護，但是在現實生活中，每一項偏好催生出的行動，卻往往帶來與期待相反的結果。換言之，選擇「控制」以避免遭到批判的人，反而由於難以親近、控制欲太強而惹人批判。偏好「優越」的人，原想避免沒有意義的生活，卻總有忙不完的事，以致於沒有時間享受充實感。選擇「安逸」的人原想避免壓力，沒想到逃避個人成長、滿足周遭每一個人的要求，卻成為他們最大的壓力來源。選擇「取悅」以免遭到拒絕的人，反而因為反覆討好引人厭煩、遭人拒絕，最後只換來自己滿腹的牢騷。當然，與期待相反的結果也可能以不同的情境與方式出現。例如，選擇優越的人不一定會把自己弄得太忙，也可能因為挫折而放棄。

生活型態偏好該如何運用在現實生活中呢？你還記得第十一章的瑪姬和艾蜜莉嗎？瑪姬在治療過程中，發現她的生活型態偏好是「控制」。她亟欲避免遭人批判、沒面子；她

擺在第一位的偏好並不能代表你的人格全貌，只是描述你在追求歸屬感與價值感時，傾向選擇什麼樣的行動。

對自己的感覺最良好的時候，就是能夠完整掌控當下情境的時候——正是這種想法，造成了她和母親、女兒之間的衝突。瑪姬越是把自己心目中正確、必須、重要的事情強加在別人身上，便惹來家人越多的抗拒（與批判）。前文也提過，過度控制反而會邀請孩子做出叛逆行為，而瑪姬的女兒確實非常叛逆。無法掌控大局讓瑪姬覺得面上無光，因此點燃了她的怒火。「控制」的偏好同時也使她抗拒改變、避開缺乏安全感的情境，感受到威脅的時候也較容易退縮（沉默也是非常有效的控制手段）。

瑪姬瞭解自己的生活型態偏好之後，開始注意自己是否又以控制的方式回應，造成大家的不愉快。她學著多加發揮這種偏好的優勢，試著避開缺點，盡量邀請女兒一起做決定，以緩解親子之間的衝突。這種改變急不來，過程中有時充滿挑戰，但瞭解自己的生活型態偏好，你就能找出自己的「麻煩地帶」，避免重蹈覆轍。

找出自己的生活型態偏好

大多數人都有一項主要生活型態偏好，描述一個人感受到威脅時採取的行動；另外還有一項次要生活型態偏好，則代表放鬆、有安全感的時候採取的行動。從下列四點當中選出最貼切的敘述，即可找出你的主要偏好：

• 自己和周遭的人都感到舒適，沒有太多外在期待的時候，我對自己最滿意。生活中充滿緊張、痛苦、壓力的時候，我對自己最不滿意。**（安逸）**

• 事情條理分明、組織妥當，能夠控制自我、掌握全局的時候，我對自己最滿意。感到丟臉、羞恥，或是自己該知道、該做好的事情遭人批評的時候，我對自己最不滿意。**（控制）**

• 能讓大家保持愉快、避免紛爭，生活才會愜意美好，這時我對自己也最滿意。遭人拒絕、排擠，或是艱困的狀況讓我手足無措的時候，我對自己最不滿意。**（取悅）**

• 發揮最大潛能，達成重要目標的時候，我對自己最滿意。覺得自己沒有價值、沒有意義、愚蠢乏味的時候，我對自己最不滿意。我常常拿自己和別人比較，這是檢視自己是否成功的一種指標。**（優越）**

面臨壓力時對你最貼切的敘述，就是你的主要生活型態偏好。感到舒適自在時最貼切的敘述，則是你的次要生活型態偏好，也可以說是你的「日常行事風格」。

一個人處於次要偏好時顯得較為理性，因為這時候的感受不是以眼前的恐懼或威脅為基礎。必須注意的是，某種類型的人眼中的威脅，對另一種類型的人來說可能平凡無奇。假如你的次要偏好是「控制」，你不會是個控制狂（如果是主要偏好，那恐怕就難免了），你會發揮出「控制」特質的優勢，不會表現出它的缺點，所以做事有條有理，卻不會固執己見。假如你的次要偏好是「取悅」，你取悅於人是為了過程中的快樂，而不會單方面要求回報；你也會懂得尊重別人，找出讓對方真正感到愉快的方法，而非一廂情願地為別人做牛做馬，又埋怨對方不知感恩——這是「取悅」作為主要偏好時常見的通病。

假如你的次要偏好是「優越」，你會是位深得人心的領導者，不僅能將事情辦好，也懂得用尊重的態度邀請他人合作、分配任務，不會把自己忙到心力交瘁。反過來說，假如「優越」是你的主要偏好，你可能會把責任全都攬到自己肩上，因為你不相信其他人有辦法做得跟你一樣好。

假如你的次要偏好是「安逸」，你就是深諳待客之道的主人。你知道如何讓對方感到舒適、自在，因為你自己也怡然自得。但是，假如「安逸」是主要偏好，你在舒適區內努

這些生活型態偏好的用意在於自我保護，但是在現實生活中，每一項偏好催生出的行動，卻往往帶來與期待相反的結果。

力過頭，面對風險卻裹足不前的態度，恐怕會讓他人感到不快，覺得與你相處索然無味。

以第十一章提到的瑪姬的例子來說，她發現生活一切順遂的時候，自己會理性運用主要偏好「控制」和次要偏好「取悅」的優勢，這時候她和女兒曼達處得不錯，少有爭執。現在發生爭執的時候，瑪姬總會回頭檢視一下生活型態偏好表格，看看這次可能是什麼特質在搞鬼。瑪姬發現，當她開始為自己的行為負責、犯錯時勇敢道歉，曼達也會跟著這麼做。

你的生活型態偏好與教養方式

孩子與你共度的每一天，都不斷在下意識中做出決定，因此想當然耳，孩子也有自己的生活型態偏好。你和孩子的生活型態偏好可能一拍即合，也可能彼此衝突。許多父母一心想迴避某種感受，卻偏偏在無意間讓孩子產生了自己最不想要的感受，這是非常令人難

> 一個人處於次要偏好時顯得較為理性，因為這時候的感受不是以眼前的恐懼或威脅為基礎。

過的一件事。例如，偏好「優越」的父母可能讓孩子感到自卑；偏好「控制」的父母可能讓孩子感受到批判；偏好「取悅」的父母可能讓孩子覺得被排拒（「我都為你做了這麼多，你竟然這樣報答我？」）；偏好「安逸」的父母疏於協助孩子發展自己的能力，反而讓孩子感受到痛苦與壓力。另一方面，孩子有時候也會矯枉過正，做出截然不同的決定，比如接下來提到艾蜜莉的例子正是如此。

瞭解自己、孩子與另一半在壓力之下會如何反應，有助於尋找問題的解決之道，以健康、有效的方式彼此溝通。縱容的家長也許偏好「安逸」或「取悅」，過度控制、苛求孩子的家長則可能偏好「控制」或「優越」。表 12.2 可以輔助你探索自己的生活型態偏好，看看它在親子關係中扮演什麼樣的角色。

例如瑪姬的姊姊艾蜜莉發現，她的生活型態偏好是「安逸」；她痛恨壓力，也不喜歡緊繃的氣氛，寧可同意周遭人們的看法，稍微放寬自己的原則。瑪姬選擇與母親正面衝突（或以沉默表達抗議），艾蜜莉則決定與母親保持距離，好避免衝突帶來的壓力和不愉快。艾蜜莉猜測，她兒子丹尼的生活型態偏好可能是「優越」。丹尼今年九歲，十分用功，對自己要求很高；艾蜜莉從來不用催促他寫作業、準備考試。但是他永遠覺得自己是對的，一旦沒有受到足夠的肯定，或是事情不如意，他就會不高興。有時候艾蜜莉累得不想跟他吵，便直接回房間讓自己冷靜，讓丹尼在外頭為所欲為。丹尼和媽媽的生活型態偏好，有

表 12.2 生活型態偏好對兒童教養與照顧的影響

生活型態偏好	可能的教養優勢	可能的教養缺點	可能需要練習
安逸	為孩子示範性格隨和、協調、安定的好處，教孩子享受樸實的快樂。	縱容，可能寵壞孩子、讓孩子予取予求。比較在乎心理上的安逸，對「當下狀況的需求」缺乏關心。	訂定日常慣例表；設定目標；親子一同解決問題；教導孩子生活技能；允許孩子體驗自己的行為造成的後果；家庭會議。
控制	教導孩子組織技巧、領導技巧、堅持不懈的毅力、勇於表達意見、遵守規定與原則、時間管理技巧。	不知變通；過度控制。可能招來孩子的叛逆、抵抗，或是不健康的討好。	學會放手；提供選擇；問孩子「為什麼」、「怎麼做」等問題；讓孩子一起做決定；家庭會議。
取悅	教導孩子成為態度友善、思慮周到、以和為貴的調停者，有讓步的度量，樂於為人奉獻、保護弱勢，這些都是可供孩子借鑑的品格。	變成孩子的出氣筒。斤斤計較（現在你欠我一分人情）。可能招來怨恨、愧疚、報復。	信任孩子解決問題的能力；與孩子合作解決問題；誠實面對自己的情緒；學習與家人彼此幫助；家庭會議。
優越	孩子最好的成功典範；教導孩子重視品德，激發孩子的成就。	説教、訓話、期望過高；引發孩子的自卑感，覺得自己「做不到」；用對與錯的標準衡量事物，看不見其他可能性。	不要認為自己永遠是對的；走進孩子的世界，支持孩子的需求和目標；無條件的愛；享受過程，培養幽默感；舉行家庭會議，尊重所有意見。

改編自《學齡前幼童的正向管教：團體帶領指南》（Positive Discipline for Preschoo ers Facilitator's Guide），簡・尼爾森、雪柔・埃爾溫、羅絲琳・達菲合著。更多人格特質影響親子關係的例子，請參閱第十章。

時候不太合得來。

艾蜜莉要學習的是照顧自己的身體和情緒，才比較不會感受到威脅，必要時方能對兒子保持溫和且堅定的態度。她也學著運用家庭會議，與兒子在差異中尋求磨合，也鼓勵丹尼運用自己的聰明才智和創造力幫助家人。

請記得，影響孩子做決定的要素很多，你的人格特質只是其中之一。家庭中的每個孩子都會做出不同的決定，形成不同的生活型態偏好。瞭解這些特質，有助於父母走進孩子的世界，推測自己的教養方針會造成哪些長期影響（也就是孩子隨之作出的決定），也可以一窺孩子人生中累積的其他經驗。

要徹底考量所有形塑自我、影響教養方式的想法、影響、觀念，也許得花上不少功夫，但這些時間絕不會白費；這個思考過程不僅能拓展你對自我的理解，也會更明白自己為什麼形成現在的行為模式。你會從中獲得改變的動力，拋開無助於孩子培養能力、健康成長的觀念與行為，尋找新的想法和教養方式，以達到心目中理想的成果。

照顧好自己

在許多家庭當中，孩子是一切關注的焦點——孩子的活動、孩子的行為、孩子的成就、孩子的需求。**父母往往沒有注意到家裡還有其他人需要關愛、照料：也就是爸媽自己**。許多家長都有個先入為主的觀念，認為孩子理應是整個家庭的中心；過去我們已經質疑過這種想法，現在是時候再推進一步了。這是我們帶給你的最新訊息：你對人生的展望、與伴侶的關係、親子關係是否健康，端看你與某人的關係而定；這個人至關重要，不是別人，正是你自己。

我們認為教養孩子是人生中最重要的一項工作，需要智慧、勇氣、毅力，耗費難以置信的心力才能完成。到目前為止，我們已經邀請你一同檢視左右教養方式的決定、影響與外力，鼓勵你改變沒有效果的做法；不過別忘了，只有健康的人才能做出健康的改變。為人父母最重要的工作之一，就是學習照顧好自己。

「噢，當然，」也許你會低聲嘟噥：「但我要從哪裡擠出時間照顧自己？」其實照顧自己不是一個「選項」，而是「必要事項」，同時也是最明智的做法。實行健康的教養方式、維持健康的婚姻與人際關係，不僅耗費大量的時間、心力，也得要有耐心才行。好好休息，

> 你對人生的展望、與重要他人的關係、親子關係是否健康，端看你與某人的關係而定；這個人至關重要，不是別人，正是你自己。

維持健康的身心狀態，你才能把分內的事做到最好。

除了親子關係之外，如果你很幸運，有一位伴侶與你共度人生——不論是丈夫、妻子，或者是生命中的重要伴侶，這段關係也需要你撥出時間與心力經營。眾多研究顯示，父母之間良好的關係是孩子的依靠，同時也是孩子學習的對象。孩子固然重要，值得我們用最大的心力、最好的智慧去看顧；但是大人也一樣重要，而且我們也提過，大人與孩子的需求在家庭中取得平衡時，孩子也能學會互相尊重與合作的態度。如果你有一段婚姻要經營，花時間與伴侶培養感情也應該列入優先事項當中。如果你已經離婚，但是雙方協議共同撫育孩子，請你盡己所能，維持尊重、有效的共同教養關係。如果你是單親父母，那更應該好好照顧自己——畢竟你的責任是如此重大！[1]

想像你手中有個美麗的水晶壺，裡頭裝滿了水。在日常生活中處理每一件事，你都必須從壺中倒出水來：倒一點給孩子，幾滴給伴侶和同事，分出一整杯處理緊急狀況。父母總是在倒水，卻幾乎沒有機會重新把水壺裝滿。你一定很想教出健康、快樂的孩子，否則就不會翻開這本書了。想成為慈愛的家長，用有效的方式教養孩子，你必須先當一個健康的人，保有尊重自己、尊重他人的餘裕。每一天，你都應該找出時間滋養內在，做一些喜歡的事，跟朋友喝杯咖啡也好，弄個燭光泡泡浴寵愛自己也好。照顧自己不是自私，是一種智慧。

平衡是關鍵

通往健康與自我覺察的旅途充滿挑戰，把「平衡」二字放在心上，也許可以幫你一把。健康的父母懂得創造平衡：工作與玩樂之間的平衡，溫和與堅定之間的平衡，照顧自己與關心他人之間的平衡。前文討論過極端教養方式的危險之處（之後也一定會反覆提起這一點），必須保持平衡，不偏向任何一端，才能帶領自己和孩子穩穩走向心目中的理想人生。然而，找到平衡並不容易。

假如你曾經學習需要平衡感的技能，例如騎單車、溜冰、瑜珈……你一定知道找到平衡有多難。正如生命中大多數的課題，找到平衡點、保持平衡，需要認知、努力、練習——大量的練習。瞭解身為父母的自己、必要時勇於改變、維持自己和家人的健康，這些都只是一部分的過程，並不是一勞永逸的事情。過程中難免犯錯，難免走冤枉路；但請記得，

照顧自己不是一個「選項」，而是「必要事項」，同時也是最明智的做法。

錯誤永遠是學習與成長的好機會。親愛的你和親愛的孩子，絕對值得這份努力。

1 關於單親家庭的親子教養，以及離婚後的教養方式，請見《寫給單親爸媽的正向管教》，簡・尼爾森、雪柔・埃爾溫、卡蘿・德里澤合著。

第13章

通往健康愛的橋樑：走入孩子的世界

養育孩子的過程中，父母一定會觀察到一件神奇又發人省思的事：剛出生的時候，孩子是無助的小生命，必須依賴大人引導、教育、照顧；隨著時間過去，孩子逐漸成長為獨立的個體，擁有自己的思想、感受與個性。孩子也許與生父母有些相似（「你跟你爸真像！」我們說這句話的時候真是又愛又恨），但他們終將脫離父母，成為完全不同的人，成為他們自己。

我們反覆強調長期教養的重要性，希望父母注意到孩子永遠都在做決定：決定如何獲得歸屬感、決定自己是誰，決定該怎麼做才能找到價值感與親密感。也許你已經聽得有點膩了——我們得提醒你，這個概念之後仍然會反覆出現。不過，讀到這裡，也許你想到一件更重要的事：如果孩子對自己、對父母、對生命的決定是如此重要，甚至會左右他們未來的發展，那麼父母不是應該瞭解這些決定嗎？但是，我們怎麼可能知道孩子心裡決定做什麼、相信什麼、成為什麼樣的人？即使是最慈愛、最細心的家長，都沒有辦法完全摸透孩子的心思。如果健康愛的目標是教出獨立自主、能夠為世界貢獻一己之力的年輕人，那父母該怎麼及早確認自己的教養方式有沒有效果？要是等到木已成舟才發現問題，豈不是為時已晚？我們該怎麼做，才能真正瞭解孩子？

我們永遠得不到確切答案

我們沒辦法確切知道孩子藏在心裡的決定，不過可以運用常理判斷，配合有效的教養技巧，引導孩子做出健康的決定。如果希望孩子認為自己是能夠自主、有能力的人，請給孩子感受自身能力的機會；萬一孩子從來沒有機會在生活中發揮所長，很可能對自己的能力失去信心。

所有孩子都會做出獨一無二的決定，即使是手足、甚至是同卵雙胞胎，成長過程中做出的決定也不盡相同。一個孩子可能會想：「我有能力把事情做好，所以我不需要任何人的幫助。」另一個孩子則決定：「我有能力把事情做好，所以我也要幫助其他人體會到這種成就感。」另一個孩子可能認為：「我必須永遠當個有能力的人，所以絕對不能犯錯。」教養孩子絕不簡單，自古至今一樣難；瞭解孩子內心的決定，當然也不簡單。然而，只要意識到孩子隨時都在做決定，留意親子之間的互動情形，你也能根據自己的觀察猜測孩子

> 如果希望孩子認為自己是能夠自主、有能力的人，請給孩子感受自身能力的機會。

目前的觀念，必要時隨之調整教養方針。

舉例來說，如果你發現孩子可能是個完美主義者，不妨強調錯誤是最好的學習機會，並以身作則，親身為孩子示範這種觀念。如果孩子在心裡決定他不需要任何人幫忙，你可以安排需要發揮合作精神的活動，例如在家庭會議中一起腦力激盪，讓孩子一起想辦法解決問題。如果孩子對自己的能力缺乏信心，你可以提供一些機會，孩子便能從中體會自己也有能力把事情做好。

年齡與發展階段

有個瞭解孩子的方法常受到忽略，那就是學著對孩子現階段的行為與能力抱持合理的期待。你可能也聽過教養專家用「可怕的兩歲」來形容兩歲孩子令人頭疼的舉動。不過你知不知道，「可怕的兩歲」其實並不存在？先別急著表達強烈抗議，請容我們解釋一下。沒錯，兩歲大的孩子可能急著想獨立自主；沒錯，兩歲大的孩子愛說「不要」，喜歡和焦頭爛額的爸媽唱反調。但是這些行為都沒有針對性。雖然兩歲大的孩子總像在故意找碴，但他們對爸爸媽媽沒有任何私怨，絕對不會花整個晚上盤算該怎麼擊垮爸媽。

兩歲大的孩子受到身體、大腦、情緒的發展驅動，這一切都催促他快去探索、學習，進行各種嘗試。透過觀察大人如何對自己的行為產生反應，孩子會從中發展出一整套社交技能、禮儀、規矩、人類行為的知識。換句話說，兩歲孩子是個瘋狂科學家，成天忙著做各種實驗，最喜歡的實驗對象正是爸爸媽媽。我們常在工作坊裡問各位父母，難道三歲沒有比兩歲難搞嗎？爸媽們聽了總是大笑，頻頻點頭。

三歲的孩子花費許多精力在發展主動探索。根據心理學家艾利克．艾瑞克森的理論，這是孩子將自己的計畫與想法付諸實行的能力（但執行方式通常太有創意，會被爸媽嫌棄太髒、太危險、太礙事）。我們就聽過一個三歲小男生，花了好幾天和狗狗一起躲在家裡的各個角落，理由是他決定把毛毯當成馬鞍，像騎馬一樣騎在狗狗背上。想當然耳，媽媽一點也不支持他的計畫。三歲小孩有一種匪夷所思的天分，總能讓爸媽坐立難安，而且搞得眾人措手不及：大家都以為兩歲才最難應付！

這些知識和瞭解孩子有什麼關係呢？因為瞭解孩子的身心發展階段，有助於父母學習以溫和且堅定的方式回應，避開極端的教養方式，並且瞭解幼兒為什麼需要父母安排規律

只要意識到孩子隨時都在做決定，留意親子之間的互動情形，你也能根據自己的觀察猜測孩子目前的觀念，必要時隨之調整教養方針。

作息、持續教導，而不是處罰和溺愛。不論你家的孩子還在學步、已屆學齡，或者已經進入青春期，父母瞭解發展階段之後，會比較容易將情緒放到一邊，專注於鼓勵孩子學習應有的技巧與態度，同時大量減少憤怒、挫折、傷害阻礙親子之間的溝通。當你面對說話尖酸刻薄的十六歲青少年，終於不再上鉤、生氣、對彼此破口大罵，反而能採取冷靜且堅定的態度回應，那真是令人解脫的一件事。瞭解十六歲孩子面臨的身心變化之後，父母比較容易保持冷靜，也不會認為孩子挑釁的態度有針對性。

假如你還沒有機會瞭解孩子的身心發展過程，那就別再拖了，快去參加兒童發展課程、家長課程，或是找一本好書來讀吧。對孩子的行為抱持合理的期待，瞭解孩子發展上的限制，有助於做出睿智的教養決定，為互相尊重的親子關係打下最好的基礎。

時間

時間與金錢，是人類永遠不嫌多的兩樣東西，其中時間更是永遠不夠用。請拿出一張紙和筆，花點時間思考：生命當中，你覺得哪些事物最重要？你心目中最珍貴的是什麼？最有意義的是什麼？當生命走到盡頭，你希望世人記憶中的你是什麼模樣？每個人的價值觀與優先事項各不相同，沒有人規定人生該把什麼事排在第一位。但是，大多數的父母都會把「孩子」和「家庭」排在這張清單的前幾項。

接下來，請你再列出另一張清單：每個禮拜要處理的事情有哪些？你如何安排時間？哪些事情「非做不可」？許多成年人會發現，自己花了大把的時間在工作、開車、打掃家裡、整理庭院、採買、煮飯、洗衣……許多人震驚地發現，自己幾乎沒有把時間花在心目中最重要的事物上——正是這種情況，導致了我們在第六章討論過的愧疚感。我們在工作坊裡討論優先順序的時候，有位先生站了起來，含淚告訴大家：「如果我花在妻子和兒女身上的時間有看電視的一半，」他難過地說，「我們的家庭關係會緊密得多。」

現代父母心裡多少有些內疚，但是除非愧疚能為你帶來改變，否則它沒有任何好處。不撥出相當的時間與孩子相處，又想與孩子培養出緊密的關係，幾乎是天方夜譚。花時間與孩子共處，不代表溺愛孩子，也不是當孩子的司機，把孩子載到目的地就了事；親子關係需要的是傾聽，是與孩子聊天，留心孩子做了哪些事、說了什麼話。不需要浪費時間控制孩子的一舉一動，而是協助孩子探索自己的行為造成哪些後果。不需要把遊戲和玩樂當成擋箭牌，遷就於孩子的所有要求，反而該花時間教孩子如何用自己的勞力賺錢、存錢，一步步接近自己的夢想，也為自己找到娛樂。

如果你家有個小小孩，那真是值得高興的事：小朋友最愛和爸爸媽媽相處了，你可以從現在開始建立理想的親子關係。隨著孩子日漸成長，他們會越來越常走出家門，進入同儕的世界，這是正常的發展過程。到了青春期，孩子大部分的時間都會花在朋友身上，對爸媽興趣缺缺。不過，即使是青少年也可以接受偶爾和爸媽出門吃個漢堡，或是全家一起出門滑雪。在開車途中、纜車上，你就有好幾個小時的時間跟孩子共處。保持尊重的態度，讓青少年一起參與規劃家庭聚會，他們也會願意出席（雖然次數有限，而且可能會先翻幾次白眼）。我們知道有個社區蓋了青年活動中心，但年輕人從來不去；另一個社區從青年活動中心的籌劃、打造開始，每個階段都讓年輕人完整參與，結果等到活動中心落成，這兒總是擠滿了年輕人，顯得十分熱鬧。無論什麼年紀的孩子，只要你願意表示尊重、願意花時間，孩子都會有所回應。

假如真的連一點自由時間都撥不出來，請你考慮養隻倉鼠就好；除非你能夠付出孩子健康成長需要的時間和心力，否則不要生小孩，因為父母的陪伴不僅是孩子內心的盼望，也是他們應有的權利。接下來，我們會探討幾種與孩子產生連結的技巧，幫助你瞭解孩子的想法與感受，參與孩子的成長與轉變。實行每一個教養技巧都需要花時間；重新檢視人

> 不撥出相當的時間與孩子相處，又想與孩子培養出緊密的關係，幾乎是天方夜譚。

生中的優先順序，學著聰明分配時間，絕對是你最有效的教養決定之一。

傾聽是閉上嘴巴

馬庫斯坐在治療師面前的沙發上，不自在地撥弄著領帶。「這是我第一次諮商，」他輕聲說，「我有點緊張。」治療師微微一笑，說了幾句鼓勵的話，馬庫斯才慢慢開始吐露他的故事。

馬庫斯今年三十二歲，根據本人的說法，他的生活簡直是「一團糟」。他太太上星期才帶著年幼的女兒離家，跑回娘家「長期拜訪」。「她總是對我生氣——她覺得我太軟弱了。也許我們根本不該結婚，」馬庫斯說完嘆了口氣。他痛恨現在的工作，想回大學念書，又擔心一切都已經太遲了。即使他決定去念大學，又該從哪裡籌措學費才好？

「但是最大的問題在於，我沒辦法做決定，」馬庫斯說。「我沒有自信，不管做什麼，我總是擔心自己做了錯誤的選擇，說不定應該選別條路走才對。大多數時候，我什麼事都做不了。也許我需要有個人在旁邊，隨時告訴我該怎麼做才好，像我爸以前那樣，」他說完，疲倦地笑了笑。

「爸爸給了你很多建議嗎？」治療師問。

馬庫斯不以為然地哼了一聲。「他簡直是直接告訴我該怎麼想、該怎麼做。我如果想告訴他發生了某件事，或是我需要做某個決定，他不等我說完，就會直接打斷我，告訴我為什麼會這樣、我該怎麼想、該怎麼處理這件事。」馬庫斯大笑。「每一次都被他說對了，這反而讓我感覺更差。有時候我會想，我寧可自己去犯錯，也不要他老是告訴我該怎麼做。我知道爸爸很愛我，現在也一樣愛我，但這樣我永遠學不會相信自己的判斷。」

馬庫斯的爸爸顯然是一片好意。有時候當父母真是煎熬，你得看著孩子面對某個簡單的問題掙扎，嘗試一些根本無法奏效的方法。你又是如此深愛著孩子，見他一路上犯錯、跌跌撞撞、遍體鱗傷，做父母的實在心疼。即使如此，這時傾聽仍然是父母表達關愛最好的方式，同時也是對孩子的一種尊重。

許多父母都會聽孩子說話，不過事實上，不少父母一直在心裡找機會見縫插針，想趕快告訴孩子自己的意見，多給他們一些建議。爸媽往往是對的；畢竟為人父母對孩子來說都是人生的前輩，閱歷豐富得多。不過，正如《正向教養》系列的一位作者琳．洛特常說的，

除非你能夠付出孩子健康成長需要的時間和心力，否則不要生小孩，因為父母的陪伴不僅是孩子內心的盼望，也是他們應有的權利。

最好的傾聽，是爸爸媽媽把兩片嘴唇緊緊閉起來。換言之，至少在孩子說完之前，都別發表你的意見，只要靜靜傾聽就好。接下來，在提供建議之前，別忘了先詢問孩子想不想聽聽你的看法，效果會更好。

請你回想一下自己的童年和青春時光。你喜歡聽爸媽訓話嗎？大人不請自來的建議和批判，對你有幫助嗎？如果從前的你不喜歡大人這麼做，你的孩子大概也不會喜歡。許多孩子都決定不把真心話告訴家長，因為爸媽「不瞭解」，也「不會認真聽」。

若想瞭解孩子的為人和想法、留意孩子做出的選擇，最簡單、有效的方法之一就是傾聽——認真傾聽。不只聽孩子說了什麼，也要留心孩子說話的方式；傾聽孩子的肢體語言、臉部表情、行為舉止。前文提過積極聆聽、反映式傾聽的技巧，反映出孩子的感受，確定你真的瞭解他們（「你看起來好難過」），有助於孩子感受到家人之間的連結與愛。

父母可以趁著孩子待在附近的時候，仔細傾聽孩子說話，不論說話的對象是不是你都無妨。你可以自願開車載孩子和朋友到目的地，在路上聆聽他們談話，也可以在兄弟姊妹

傾聽是父母表達愛最好的方式，同時也是對孩子的一種尊重。

玩耍的時候豎起耳朵，聽他們是如何互動。必須強調的是，**這不是侵犯孩子的隱私**。孩子的日記不應該偷看，孩子講電話也不可偷聽（這是最不尊重孩子的一種過度控制）。當你傾聽的時候，孩子知道你在場，可以調整自己說話的方式。不過，靜靜參與孩子的對話，聽他談談學校裡的大小事、最近流行的新專輯、朋友的煩惱，能為你揭露不少孩子的想法、感受、決定。假如過程中觀察到令你擔憂、苦惱的事情，不妨用和緩的態度表達你的好奇，也許可以獲得需要的資訊，以便進一步為孩子提供健康的支持。

好奇心的力量

父母的憂心都是有道理的，畢竟當今的世界危機四伏，孩子的身心隨時可能受到傷害。父母擔心孩子吸毒、飲酒，擔心孩子太早發生性行為，擔心校園暴力；也擔心孩子交到壞朋友，擔心孩子去什麼地方、做什麼事。

許多愛子心切的父母輸給了內心的恐懼，每當看見孩子做出有潛在危險的行為，父母便忍不住採取過度保護、控制、批判的教養方式。但是人性如此，孩子面對控制與過度保護，反應往往是逃離、偷雞摸狗、公然叛逆，在這種情況之下，親子雙方都不好過。

回應孩子的好方法之一，就是表達「好奇」。接下來的故事引自《繼親家庭的正面管教》增訂二版，這位媽媽選擇好奇而不批判，因此與兒子培養出更緊密的連結。

✝

瑪格麗特敲了敲兒子的房門。她感受到木板的震動、喇叭的轟鳴，這才知道兒子聽不見她敲門。十四歲的艾力克斯把音量開到最大，正在盡情享受他最喜歡的嘻哈音樂——又來了。

「關小聲一點！」瑪格麗特開門大喊。「吃晚餐啦！你為什麼就是要放這麼大聲？我真的不懂你怎麼聽得下去，那種音樂下流得要命，」她煩躁地說完，看見艾力克斯受傷的眼神，感受到一絲內疚。

瑪格麗特氣沖沖走回廚房，丈夫馬克見狀問道：「瑪格，怎麼了？」

「艾力克斯又在聽那個饒舌樂了，」她回答。「我真討厭那種音樂——歌辭低俗，又美化犯罪，談論女性的態度也讓我很反感。我本來想禁止他聽饒舌樂，但他的朋友們都在聽，他大可以跟朋友混在一起的時候聽，我也管不著。我知道他是個好孩子，但怎麼偏偏喜歡這麼糟糕的音樂呢？」

馬克咧嘴笑了。「我們的爸媽也是這樣罵披頭四和滾石樂團的，妳記得嗎？然後他們的爸媽也是這樣罵法蘭克・辛納屈的。再更遠一點，華爾滋剛在維也納流行的時候，老一輩也是同樣的批評：不知廉恥！」他張開雙臂，給了太太一個擁抱。「妳有沒有跟艾力克斯好好談過這件事？」

瑪格麗特心虛地搖了搖頭。「沒有，只有罵他和碎碎念。親愛的，他有你這麼好的繼父真幸運，要不然我大概會把他逼瘋。」

過幾天，瑪格麗特開車載著艾力克斯一起從賣場回家，艾力克斯剛剛正好用他的生日零用金買了一張新專輯。瑪格麗特謹慎地說：「你知道，艾力克斯，我一直批評你聽的音樂，態度好像太嚴厲了。我想知道你為什麼喜歡那個饒舌樂……還是嘻哈樂？你要不要在車上放那張新專輯，幫我解說一下？」

「媽，妳瘋了嗎？」艾力克斯脫口而出。接著他用和緩的語氣補上一句，「妳也知道，妳不喜歡那種音樂，而且裡面還有髒話。」

「髒話也沒什麼，我早就聽過啦，」瑪格麗特大笑，「你不要對我說髒話就好！總之，艾力克斯，我想要瞭解你。我在你這個年紀的時候，爸媽也批評我愛聽的音樂，但是他們從來沒有認真聽過，這一點讓我很生氣。我不想用同樣的方式對待你。要不要播你最喜歡的一首歌給我聽？」

「嗯，好吧，」艾力克斯遲疑地答應，「但妳不會喜歡的。」

他說對了──瑪格麗特一點也不喜歡。不過瑪格麗特一邊聽音樂，一邊請艾力克斯解說他為什麼喜歡這首歌、這位歌手；她問兒子聽這些音樂有什麼感覺，仔細傾聽他的回答。開車回家的途中，瑪格麗特和兒子有了一段熱烈的談話，從偏見、種族、對女性的態度，聊到毒品、青少年行為問題，天南地北無所不談。

他們駛近家的時候，艾力克斯取出光碟，認真地看著媽媽。「媽，我希望妳知道，雖然我聽這些音樂，但不代表我會去做壞事或吸毒之類的，我只是喜歡它的節奏。而且我也懂得分辨哪些事情是不對的。」

「我知道你懂，艾力克斯。謝謝你願意分享你的音樂，我學到很多東西。」

過了幾天，艾力克斯為媽媽準備了一份特別的禮物。他遞給媽媽一張光碟，上頭貼著他手寫的標籤，有點不好意思地說：「上個週末我去爸爸家的時候，用他的光碟燒錄機弄的，」他說，「這是我最喜歡的幾首歌，送給妳。」

瑪格麗特接過光碟，給艾力克斯一個擁抱。她明白，兒子在心裡、在生命裡，為她保留了一個位置。「謝謝你，」她由衷地說，「這對我來說很有意義。」

未來有一天，瑪格麗特是不是也會愛上饒舌樂呢？不太可能。不過，她選擇不再批判兒子的興趣，轉而表達自己的好奇，為親子關係開啟了一扇大門。這個議題原本可能成為母子之間的隔閡，現在反而轉化為兩人溝通與連結的管道之一。

陪伴式傾聽

「陪伴式傾聽」，指的是不直接表明自己在傾聽。很多家長抱怨，「我想要傾聽，但孩子就是不願意跟我說話。」通常孩子不願意說，是因為父母滿懷慈愛的問句，聽在孩子耳中像是一種質問。如果挑明了問：「今天在學校過得怎麼樣？」孩子也許不願多談，不過，只要改用不問話的傾聽方式，孩子願意告訴你的訊息可是多得驚人。不妨在放學後和孩子一起坐下來，吃點餅乾配牛奶，通常父母不必問任何問題，孩子很快就會開口分享今天發生的大小事。

費雪太太有個習慣，女兒在浴室梳洗打扮、準備上學的時候，她會一起走進浴室，坐在浴缸邊上。一開始，女兒問她：「妳要幹嘛？」費雪太太回答，「我只是想跟妳共度一小段時間。」沒多久女兒就習慣了，準備上學的時候媽媽總會理所當然地坐在那兒（而且

> 只要改用不問話的傾聽方式，孩子願意告訴你的訊息可是多得驚人。

不發一語），她也理所當然地閒談自己的生活瑣事。當然，優秀的傾聽者不一定每次都得閉上嘴巴、一句話也不說，不過爸媽們確實該學著避免說教。

善用「是什麼」和「該怎麼做」表達你的好奇

第九章也解釋過，我們並不是要質問孩子。詢問孩子「是什麼」、「該怎麼做」等問題的時候，只要你懷著好奇心和由衷的興趣，而不是批判或質疑，這些問題不僅可以強化你與孩子之間的連結，也是瞭解孩子眼中的世界最神奇又有效的方法。我們也發現，這種做法可以鼓勵孩子思考，發展對自我能力的認知，學習如何解決問題。好奇不代表全然贊同孩子的選擇（好比瑪格麗特不可能真心愛上饒舌樂），但對於孩子喜歡某些事物、做出選擇的原因表現出興趣，等於是邀請孩子拉近親子之間的距離。無論是制定規範的時候，還是一起解決問題的時候，與其批評孩子、長篇訓話，不如表達你對孩子的好奇和興趣，才能建立更好的合作基礎。

你的孩子會如何回答以下問題呢？（切記，態度決定一切！）

- 那部電影（電視節目、音樂）吸引你的地方是什麼？

- 你和那群朋友在一起的時候是什麼感覺？
- ＿＿＿＿＿＿讓你欣賞的特質是什麼？（請填入孩子的朋友裡面你最不喜歡的一個）
- 你能不能教我怎麼玩這個遊戲？（我們知道，這個問題沒有用到典型的「是什麼」、「該怎麼做」，不過重點在於好奇的態度，不必太過拘泥實際用詞。）

分享你的故事

父母也可以反過來激發孩子的好奇心。在這個媒體主宰的世界裡，孩子對於喜歡的卡通角色、明星藝人、運動員瞭若指掌，反而對自家的父母一知半解。強化親子連結的另一個有效方式，正是與孩子分享自己從前的故事和經驗。不過我們指的不是那套老掉牙的訓話：「我像你這麼大的時候，還要在雪地裡走十幾公里去上學咧！」或是：「在你這麼大年紀的時候，我們家根本沒有車，只能搭公車出門，還不是這樣過來了。」我們要說的是，在孩子受傷的時候，你能給他們最好的愛，正是告訴他們你也有過相同的感受。

來自前人的故事與經驗，對孩子是很重要的。瞭解父母是什麼樣的人（而且也是凡人），能夠鞏固孩子對自我的認知。我們在第九章談過家庭會議的重要性，也許可以在家庭會議或假日活動當中，安排全家人一起回顧舊照片、紀念品，說說年代久遠的故事（特別是你惹上麻煩的故事——小朋友最愛聽了），告訴孩子這個家族的歷史。如果可以的話，不妨帶孩子一起去工作，或是與孩子分享你的興趣和嗜好。同樣地，關鍵字是邀請，而不是強迫。讓孩子知道你歡迎他們在場，孩子會更樂於與你共處。

特殊時光

教養難免花時間；為孩子保有一對一的時間尤其重要，這段時間裡沒有干擾、沒有噪音、沒有人群，只有你和孩子兩個人，是你在生命中特別送給孩子的時光，我們稱之為「特殊時光」。孩子最愛這段時間了；與孩子度過特殊時光不一定要花錢，也不一定要為孩子提供娛樂、讓孩子開心。特殊時光可以很簡單，例如邀請孩子一起完成一項工作（「嘿，小朋友，你想不想看看汽車引擎長什麼樣子？」），一起讀故事書，或是散散步也可以。特殊時光可以是睡前的日常慣例之一，也可以是開車送孩子上學、踢足球途中的獨處時間。你可以和每一個孩子單獨吃頓飯、單獨逛逛街，只有你們兩個人。特殊時光是「只有我和媽媽」、「只有我和爸爸」的時間。事先安排、計畫好這段時間，帶來的效果最好，這點相信不必我們多提。一次專注在一個孩子身上，為這件事排出時間，傾聽與表現好奇心就顯得簡單多了。

特殊時光不必花上好幾個小時，有時候規律安排幾分鐘的時間就夠了。你會發現，片刻的特殊時光便能為孩子的歸屬感、價值感帶來顯著的影響，也能加強親子之間的連結感。用心傾聽、表達好奇、特別時間，這些教養技巧的目的不是用來掌控孩子——我們已經反覆指出，控制或縱容都不是親子教養的理想解答。與孩子產生連結的關鍵在於，瞭解孩子是誰、做出了什麼決定，如此一來，父母和孩子才能一起解決問題、訂下規矩，共同面對未來的風險。

當心生氣的陷阱

坦白說，所有父母都生過氣。我們喜歡詢問工作坊的聽眾：請問在場有沒有爸爸媽

> 與孩子度過特別時間不一定要花錢，也不一定要為孩子提供娛樂、讓孩子開心。

媽沒對孩子生過氣？沒生過氣的請舉手。大家的笑聲裡帶著點心虛，緊張兮兮地左顧右盼——這才發現全場沒有一個人舉手。只要和孩子住在一起，發怒也許是生活中無法避免的一部分，但怒火確實有可能造成傷害。有時候，即使是最慈愛、最深思熟慮的父母，在盛怒之下都無法保持理性，偏偏在這種壓力時刻，正是最需要父母發揮本領的時候。

安德魯吃了不少苦才學到這個教訓。二十八歲那一年，他和塔比莎結婚，收養了她的三個孩子。安德魯告訴家長課成員，「我從一個愛玩的單身漢，突然變成三個孩子的爸，搞不懂這些小鬼為什麼老是把家裡搞得一團亂！」安德魯對於兒童發展與教養的瞭解非常有限，只能憑著直覺，走一步算一步。他也承認，自己對孩子也許有些不切實際的期待。一年又一年過去，安德魯和三個繼子女之間的關係越來越惡劣。安德魯嚴格管控孩子，塔比莎想要彌補、保護孩子，態度卻過於縱容。爸爸發號施令、頤指氣使、過度期望；孩子抵死不從、迴避退縮、行為叛逆。爸爸無法接受孩子們不尊重的態度，孩子們受不了爸爸說話的方式，塔比莎被夾在中間左右為難，全家人都不快樂。

在一次特別激烈的衝突之後，安德魯和塔比莎參加了一堂家長課程。夫妻倆非常用功，尤其是安德魯，他學會傾聽孩子的心聲、走入孩子的世界、邀請孩子一起合作。但是好景不常，總有不如意的時候。有一天，最大的孩子（十歲小女生）沒有好好收拾房間，安德魯失控了，在盛怒之下對她大吼：「給我滾回妳的豬窩去，我不要再看到妳那張噁心的臉！」

下個禮拜，安德魯難過地告訴家長課成員：「我們又退回原點了。我會重新開始，也知道狀況一定會有所改善，但我多希望自己沒有說出那句話。我忘不了她臉上的表情，看得我心都碎了。」

爆發一次怒火並不會毀了你和孩子的關係，何況有時候爸媽確實有資格感到生氣、挫敗，但是你可以（通常也應該）把自己的感受和行為區分開來。尤其對幼小的心靈來說，傷人的言詞會深深刺進記憶中，成為難以抹滅的烙印。「積極暫停」是最適合父母自用的管教技巧——沒錯，用在自己身上！建立一段緊密、尊重的關係，也許需要好幾個月、甚至好幾年，有時候卻只要一瞬間的憤怒就能摧毀。

如果你不小心失控了——哪個爸媽沒失控過呢？請記得，錯誤是最好的學習機會。不妨誠懇地向孩子道歉，一起探索當時發生了什麼事，一起找出解決辦法，避免同樣的問題再次發生。信不信由你，只要選擇以尊重、謙卑的態度解決問題，即使是一場衝突，也能

積極暫停法是最適合父母使用的管教技巧——沒錯，用在自己身上！

成為改善親子關係的橋樑。

相信孩子，學習放手

許多愛子心切的父母認為，有效的管教方式是知道孩子人在哪裡——掌握他們什麼時候在什麼地方，跟誰在一起、做什麼事。我們則認為，知道孩子是什麼樣的人，遠比掌握孩子的行蹤重要。瞭解孩子，才能給你足夠的安全感和信心，放手讓他們在充滿支持的環境裡學習、嘗試新的事物（犯錯也在所難免），活出自己的樣貌。有時候，你會覺得自己是如此貼近孩子；有時候你也會感到疏離，甚至是敵意。舉例來說，只要對發展過程有所瞭解，你就會知道青少年十分注重隱私。孩子不是針對你，這只是他們在這個階段自然產生的需求。最重要的是敞開你的心門，打開耳朵留心傾聽，留一些時間給孩子，對他們觀看世界的方式懷抱由衷的興趣。

當孩子邀請你走入他的世界，那真是美妙又發人省思的經驗；而且那是孩子自己的世界，我們無法擅自闖入。大人的意思無法左右孩子的心，只有孩子自己能決定相信什麼人、什麼時候開口、說出什麼話。睿智的父母會學著給孩子一點空間、一些理解，大方給予鼓勵，撥出時間傾聽。你可以找時間跟孩子一起玩（沒錯，你也可以跟孩子一起玩芭比娃娃或樂高），讓孩子需要的時候找得到你。請記得，你只有一次機會與深愛的孩子共度童年時光，一旦錯過就不再重來。

說到底，父母的職責在於教育、引導、鼓勵孩子，然後以妥善、慈愛的方式放手。放手總是有一點點嚇人；瞭解自己的孩子、體認他們的能力，可以減輕放手的恐懼。如果你能走進孩子的世界，稍作停留，真正與這個風趣又有處事能力的靈魂產生連結，你一定會更加瞭解孩子的。

第14章
實際運用溫和且堅定的教養法

讀到這兒，也許你也自認犯了愛太多的毛病；也許你和我們一樣，有些時候難以抗拒控制或溺愛孩子的衝動，也曾經以愛為名犯了教養上的錯誤，回想起來總是耿耿於懷。我們都犯過同樣的錯；即使累積了教養方面的知識與經驗，仍然可能再次犯錯。正因如此，發現錯誤也是一種學習機會的時候，才如此振奮人心。

然而，教養發生在現實世界，不是在教養書或雜誌的字裡行間。你的孩子有血有肉，有強韌的力量，也有一些弱點；他們會犯錯，會做出錯誤的選擇，也有脾氣毛躁的時候，就像你一樣。教養的目標不是教出完美無缺的孩子，而是將孩子培養為獨立自主、有處事能力的成年人，不僅從錯誤中學到教訓，更擁有從錯誤中站起來的恢復力，因而活出成功、快樂的人生。換句話說，為人父母的任務，就是讓孩子脫離你的保護。你永遠會守在這裡，給孩子源源不絕的愛和支持，但是不會為孩子負起所有責任。

即使是最親愛的孩子，也可能讓你大感挫折，更別說根深柢固的教養模式和觀念並不容易改變。也許你也同意控制、溺愛等極端的教養方式缺乏長期效果，但究竟該用什麼方法才有效呢？溫和且堅定的教養方式，實際運用起來是什麼模樣？

真實的教養現場

家長團體、家庭教育課程的好處之一，就是讓父母們明白自己不孤單。聽見其他家長談起類似的問題和疑惑，許多父母都感到寬心不少，顯然每個家庭的煩惱大都是那麼幾項。

比方說，如果你家有個小小孩（三、四歲以下），一定知道不管爸媽再怎麼努力嘗試，孩子有三件事老是叫不動：第一，吃東西（「嘴巴開開，菜菜進來囉！」或是「沒有吃完菜菜就沒有點心吃！」）；第二，睡覺（「好啦，你可以再跟爸比媽咪睡一個晚上。」或是「關燈，回床上睡覺，現在，馬上！」）；第三，上廁所（「奶奶說她以前帶的小孩滿十八個月的時候都會上廁所了耶。」或是「你如果乖乖大在桶桶裡一次，我就讓你買那套神奇寶貝遊戲！」）。

只有孩子能控制自己的身體，父母的職責是準備好環境，適當指導，放輕鬆，然後讓孩子自己完成工作。即使是最焦慮的家長，到了最後也會發現，其實沒有一個小朋友包著

為人父母的任務，就是讓孩子脫離你的保護。

尿布去上幼稚園。我們不會花太多篇幅討論這些問題，因為其他書籍裡已經寫得很詳盡了（假如你急著想看相關討論，不妨參閱《〇到三歲的正面管教》、《跟阿德勒學正向教養：學齡前兒童篇》這兩本書）。我們想更進一步討論的，是等孩子再大一點之後，父母必須面臨的日常教養「三大難題」：金錢、家事、功課，這也是家庭中許多衝突與困惑的源頭。家長該如何以健康的方式處理這些問題？該如何邀請孩子合作、設定合理期待與規範，必要時嚴格執行？總而言之，這個溫和且堅定的教養法，到底長什麼樣子？

錢，錢，錢

金錢也許不能說是萬惡的根源，不過金錢相關的問題（要不要給孩子錢、怎麼給、花在哪裡）在家庭裡造成的不愉快，確實比想像中來得多。與世界各國相比，大多數的美國家庭經濟狀況還算寬裕，甚至可說是富裕了。關於父母的金錢流向，美國孩子說話可是很有分量的（「爸比，買那個給我！」），大多數孩子也有一筆為數不少的零用錢。在這方面，愛太多造成的傷害比正面影響大得多，孩子不會因此學會感恩，反而養成貪得無厭的態度。教養的關鍵考量在於，瞭解孩子做出的決定，以及這些決定對孩子的人格特質與行為造成何種影響（沒錯，我們又強調了一次）。

想當然耳，年輕人對於金錢消費有多大的影響力，銀行與借貸機構可是一清二楚。許多父母都收過銀行寄來的信件，邀請他們「及早為孩子建立良好的信用評價」，為孩子辦一張高中、大學生用的低額度信用卡。年輕人若是從小到大都缺乏金錢概念，也不知道賺錢有多困難，容易年紀輕輕就欠下鉅額卡債，甚至有人因為無力處理債務而選擇自殺。

一位高中老師放了一部影片給學生看，內容描述一對剛結婚的年輕夫妻刷卡購買所有想要的東西——汽車、衣服、家具、美食，最後欠下鉅額卡債。這時，老師暫停播放影片，與學生一起討論片中人物面臨的困境，並詢問學生認為這對夫妻該怎麼做才能解決問題。結果，同學們一面倒的結論是：「他們應該去找父母求救。」不幸的是，這正是愛太多的父母教出來的孩子最典型的想法。這對年輕夫妻（以及觀影的高中生）從來沒想過為自己造成的後果負責，也沒想過可以節儉持家、辛勤工作，多花些時間自行清償債務。

對大多數的成年人而言，賺錢、管錢一向是個大問題，不難想像孩子的金錢問題有多令爸媽頭疼。（有趣的是，金錢和家事這兩項「大難題」的關係十分密切，過幾頁我們再

> 父母的職責是準備好環境，適當指導，放輕鬆，然後讓孩子自己完成工作。

詳加探討這個問題。）談起金錢，許多愛子心切的父母往往會採取前文提過的極端教養方式。讓我們看看實際案例吧。

阿杰今年十七歲，媽媽幫他報名了少年司法體系的心理諮商，因為阿杰偷拿媽媽錢包裡的錢，她擔心孩子未來會到外面行竊。

「阿杰，你為什麼偷錢呢？」輔導員問。

阿杰臭著臉，從棒球帽底下抬起目光。「因為我需要錢，」他答道，語氣簡短而粗魯，「我媽從來不給我錢。」說到重點，阿杰坐挺身子，聲音裡透著怒氣。「我連午餐錢、車錢都要跟朋友借，沒道理一直讓他們這樣幫我出錢。我連跟他們去看個電影、吃個漢堡的錢都沒有。」

「你有沒有考慮去打工？」輔導員和善地問。

「我很想啊，」阿杰回嘴，「但我家附近沒有地方可以打工，她又不讓我開車。」他惡狠狠地瞪了媽媽一眼，媽媽也生氣地為自己辯護。

「阿杰付得起自己的油錢和保險金才可以開車。」她斬釘截鐵地說。「而且他明明就有零用錢，只是不好意思喔，我認為錢本來就應該付出勞力去賺，他從來沒有努力賺他的零用錢。」

原來阿杰的媽媽的確給了他每週十五美金的零用錢。但是阿杰每犯一次錯，或是哪一件家事沒做好——一隻襪子掉在地上、忘了修剪草皮、太晚回家、麵包屑掉在桌上沒擦乾淨——就必須扣掉一塊錢。成績不夠好，一樣扣錢。算起來，阿杰已經整整五個月沒拿到半毛零用錢了。他很樂意打工，卻因為付不起油錢和保險金，所以沒有辦法去工作；他沒辦法去工作，就更不可能付得起這些錢了。隨著時間過去，無計可施的阿杰越來越挫折、越來越叛逆。即使他試著把每一件家事做好，卻總會忘了幾件事，他永遠做得不夠好。最後在他眼中，擺脫惡性循環最簡單的方法，就是偷拿媽媽錢包裡的錢。

偷竊的行為不該姑息，但是不難理解阿杰感受到的挫敗。阿杰的媽媽很愛他，她認為自己是在教孩子負起金錢管理的責任。問題在於，阿杰幾乎沒有辦法拿到錢，更不可能練習金錢管理了。

另一種極端

另一個家庭的十七歲孩子，布蘭登，則根本沒有必要為錢動歪腦筋。布蘭登的爸爸是連鎖超商的老闆，事業有成，經濟環境優渥，有辦法給布蘭登買任何想要的東西（通常也真的會買給他）。布蘭登的爸爸很忙，無法撥出太多時間跟孩子相處。布蘭登有大把的自由時間，也有大把的零用錢可以花。十六歲生日那天，爸爸送了他一輛全新的吉普車，布蘭登還選了個酷炫的個性車牌「LOVRBOY（調情聖手）」。結果沒過多久，布蘭登在派對上喝醉酒還開車回家，把吉普車撞壞了。

爸爸嚴厲地訓了布蘭登一頓——然後又買了一輛全新的皮卡給他。這次布蘭登開了六個月左右，又撞壞了。第二次車禍，老爸的訓話長得多，不過罵完又買了一輛新的跑車給他。十七歲的布蘭登都看在眼裡：他發現老爸有花不完的錢，但時間不夠用，也無心嚴格執行他的訓話內容。布蘭登的人生是一場看不見盡頭的狂歡派對。

阿杰的媽媽用過度控制的方式「教」阿杰管理金錢，布蘭登的爸爸則把兒子寵壞了；以長期的眼光看來，這兩種教養方式的效果都欠佳。阿杰和布蘭登形成的人生觀、對自我的觀感，對於學習賺錢、妥善管理金錢都無法帶來正面效果。他們缺乏歸屬感，幾乎感受不到健康的個人權力，也沒有發展出對周遭人們的同情心。

該如何培養孩子的金錢觀念？難道不應該讓孩子做家事賺錢嗎？牽涉到錢的時候，該如何運用溫和且堅定的教養方式？

固定給孩子零用錢如何？

透過零用錢，孩子可以學會許多寶貴的金錢觀念。說到底，如果孩子手邊一毛錢都沒有，是沒有辦法練習金錢管理的。很多家庭選擇不固定發放零用錢，孩子能拿到多少錢，看爸媽的心情而定，也取決於孩子多會撒嬌、哭鬧、控制父母。（附帶一提，孩子往往相信支票、信用卡、提款機裡面有源源不絕的錢，所以看見你從機器裡拉出大疊紙鈔之後，根本不相信你「買不起」。）

固定零用錢的金額可以事先決定，而且一個禮拜只發放一次。「隨父母的意思給孩子零用錢的方法」，其實是非常不尊重其他的參與者，每個人的感覺都不好：父母覺得孩子撒嬌、哭鬧，使盡全部手段只為了要錢，而且錢到手也不知感恩；孩子則無法學習正確理財，錯失了從中獲得自信和自尊的機會。固定發放零用錢，孩子就能練習分配預算，體會衝動消費的後果——也就是在下一次發零用錢的日子之前，都沒錢可用。

零用錢可以在孩子第一次意識到金錢需求的時候開始發放，比如開始想在超市買玩具、買冰淇淋的時候。有的家庭會從二十五分、一角、五分錢的硬幣開始，再給孩子一個撲滿。小小孩對各種不同的硬幣很有興趣，也喜歡把錢投進撲滿裡。隨著孩子成長，零用錢的金額可以根據需求調整。父母不妨陪著孩子逐一檢視日常生活所需的花費，藉機教導孩子管理預算。六歲大的孩子，每週可能需要〇・二五美元買口香糖，〇・二五美元儲蓄。十五歲的孩子也許需要七美元看電影，五美元吃午餐，四美元儲蓄或買些零食。

萬一孩子在一個禮拜結束前就把錢花光了，父母可以同理孩子的感受，但千萬不要出手救援。讓孩子自由花用零用錢，他們就能自己做出選擇，從結果中學習教訓。只要父母不加干涉、不批判，孩子一口氣把錢花掉的時候，便會從這次經驗中學到寶貴的一課。

這不代表零用錢的金額不能重新協商。隨著孩子的年紀增長、需求改變，重新協調零用錢的金額，也是學習過程中不可或缺的一環。不妨利用孩子過生日，或是新學年開始的時機，和孩子一起坐下來檢視生活需求、分配預算。

等到孩子夠大了，開始注意流行、想買些必要以外的衣飾時，可以在固定零用錢之外，額外發放一筆服裝費用；這筆錢合理限制了孩子能花用的金額，同時也鼓勵孩子為自己的決定負責。年紀較小的孩子每年也許需要出門採購兩次，一次在春天、一次在秋天，父母可以分別撥出特定的金額供孩子使用。等到孩子再大一點，就可以每個月發放特定金額，讓孩子自己管理預算。

固定發放零用錢的方式，尊重了所有參與其中的家人：金額由全家人事先討論，將家庭負擔與孩子的需求都納入考量。假如孩子的需求高出預算，不妨鼓勵孩子幫忙家裡顧小孩、洗車、修剪草皮賺些外快。（不過零用錢不應該完全與家事掛勾，我們馬上就會討論到這個議題。）親子雙方對零用錢達成協議之後，父母的職責就是履行對孩子的承諾，必

隨父母的意思給孩子零用錢，其實是非常不尊重其他的參與者，每個人的感覺都不好。

要時採取溫和且堅定的方式貫徹原則。讓我們看看如何實際運用這個方法吧。

溫和且堅定的金錢教育

凱文是單親媽媽一手帶大的孩子。凱文還小的時候，媽媽潔姬在生活之外沒有太多盈餘可以花用，不過她希望凱文能擁有自己想要的東西，同時也學著管理手邊擁有的一切。凱文六歲那一年，潔姬開始發放零用錢。（媽媽決定不要把零用錢和家事綁在一起。）一開始的金額不多，潔姬每週只給孩子一塊美金；和大多數的六歲小孩一樣，這錢就像在凱文小小的口袋裡燒出了一個破洞，他永遠留不住錢。每次媽媽帶凱文到店裡購物，他總會把零用錢花在小玩具或棒球卡上頭。同一個禮拜，凱文又哀求媽媽讓他租電動遊戲或買棒球卡的時候，潔姬會微笑告訴他：「你可以用零用錢買，你的錢還有剩嗎？」

凱文聽了會賭氣，有時候會撒嬌哀求；潔姬會表示同理兒子的感受，買不到想要的東西確實令人沮喪，並鼓勵他等到下一週發零用錢的日子再買。後來凱文終於發現，如果他存下幾週的零用錢，就買得起一些超酷的東西。隨著凱文長大，潔姬也慢慢增加他的零用錢。不過她從來不會逼迫兒子把錢存進銀行，也不會因為兒子想要錢就多給一些。當凱文開始纏著她要錢的時候（「其他朋友每個禮拜都有五塊美金的零用錢！」），她邀請孩子一起來計算這個月的帳單。

潔姬開誠布公地告訴兒子她每個月的薪資，解釋房租與水電費用。（沒想到用電和沖馬桶都要付錢，凱文一聽之下大感震驚。）兩人一起討論服裝費用、汽車開銷、飲食支出，以及可能的醫藥花費與牙醫費用（凱文需要矯正牙齒），還告訴凱文參加小聯盟和童軍的費用是多少。潔姬小心地避免說教，只是向凱文解釋這些家計支出，邀請凱文提供建議和想法。

凱文畢竟是個平凡的年輕人，偶爾還是會發牢騷，難免想要一些買不起的東西。但是，現在他瞭解媽媽的考量，也對於辛勤工作的母親深感自豪。凱文十七歲的時候，已經找到了一份工作（每週三天的打工，畢竟得以課業為重），開著自己買的小型貨車（是二手的，但他一樣愛它）。凱文把一些錢留著聽音樂、約會、買汽車音響、添購特殊衣飾，但他在銀行裡累積了一筆驚人的存款。潔姬總是打趣地告訴朋友，凱文手邊的現金永遠比她多！

潔姬很早就決定以溫和且堅定的態度教導兒子金錢觀念。凱文一開始就有零用錢可供花用，但他從自己的錯誤中學到教訓：錢一旦花掉就沒有了。潔姬也不允許孩子先「借」零用錢來花。由於潔姬確實設下限制，以溫和的態度貫徹執行，凱文學習賺錢、存錢的過程中，只發生過少數幾次爭論和衝突。媽媽會在適當的時機提供幫助（真的得花大錢的時候，媽媽願意幫他出一半，例如買腳踏車），但她從來不會為凱文收拾殘局。潔姬運用實際經驗（而非說教），引導凱文認識金錢的真實樣貌，瞭解金錢帶來的限制與可能性。

你希望孩子培養什麼樣的金錢觀？（此外，孩子從你管理金錢的方式之中學到什麼觀念？近期調查顯示，美國的儲蓄率持續在低空徘徊，尤其缺乏儲蓄養老的觀念，但消費性支出、卡債卻高得令人憂心。）孩子該如何學習開源節流、儲蓄投資，聰明理財？請記得，教養的重點在於教導孩子；父母不妨仔細考量孩子將來所需的技能與知識，花點巧思將這些概念結合到家庭生活當中。沒錯，教導孩子不僅需要耐心，也需要多方考量及規劃——但是獲得的成果絕對值得努力。

家事大戰

孩子還小的時候，總是很樂意抓著吸塵器幫忙吸地板，也很愛刷浴室、拔雜草、洗碗盤，幫爸爸媽媽打掃家裡。即使不小心把水潑到地上，小小孩也會開心地接過父母手上的海綿，一起把地板擦乾淨。但是等到孩子六、七歲的時候，從前愛做家事的小天使到哪裡去了？到了這個年紀仍然愛做家事、整理庭院的孩子，真是少之又少。等到青春期更是如此，叫這些年輕人去做家事簡直要爸媽的命，怪不得這麼多家長寧可自己動手比較快。

對大多數小朋友來說，做家事並不是優先事項。認清現實吧：如果十歲孩子寧可犧牲和朋友出去玩的時間，也要在家收拾房間，你反而會有一點擔心。畢竟幾乎沒有大人愛做家事，小朋友不喜歡做家事也不太令人意外。不過，付出奉獻、共同合作是家庭生活的一環。每個人都做好本分，生活才會更順利、更輕鬆，也會有趣得多。

家事與零用錢無關

從前從前，親子教養界有人想出了把錢和家事綁在一起的好主意。「小朋友討厭做家事；小朋友想要錢。所以，」邏輯是這樣的，「我們規定孩子要做家事才能拿到錢！」聽起來很簡單，對吧？但是，誰做了哪件家事、做得是否正確、準時，又該值多少工資，是家庭中無數紛爭的源頭。許多家長制訂了詳盡的家事表，規定每件工作值多少零用錢，動用各種貼紙，最後卻發現只是事倍功半，只好把整個系統作廢。

零用錢不與家事掛勾，可以避免許多問題。四歲的小朋友樂於為了〇・一塊美金整理床鋪，但是到了八歲的時候，可能會要求〇・五塊，到了十四歲，就算給一塊美金也叫不動他了。家事與零用錢掛勾，造成了太多處罰、獎賞、賄賂等缺乏尊重的控制手段。每個孩子都有零用錢，因為他們是這個家的一分子；每個孩子都要做家事，也只是因為他們是家裡的一分子。不過，父母可以為日常家事以外的工作提供酬勞，例如除草每小時可以得到二塊美金，堅果去殼一袋可以獲得一塊美金等等。如此一來，想賺外快的孩子可以把握機會，如果孩子選擇不賺這些錢，也不會造成任何問題。

「付錢獎勵孩子做家事」的問題在於，孩子無法學到合作與奉獻的精神；有時候我們做某些事，只是為了盡自己的本分。不喜歡的事情，有時候還是得完成，只因為這是生活所需。以金錢吸引孩子做家事，孩子不但無法體會這些道理，反而養成期待金錢獎勵的習慣，不僅家事如此，成績以及其他成就皆然。許多家長提出反駁：大人完成工作，也一樣會拿到錢啊？然而，我們從來沒見過只為了金錢而工作，還能感到快樂的人。少了辛勤工作的熱情、合作能力、解決問題的技巧，幾乎沒有人能在職場上發光發熱。只要父母願意尊重孩子，在家庭會議中讓孩子一起決定該做哪些家事、何時完成、如何進行，孩子就能從做家事中學到上述態度與能力。

談起家事問題，我們常常看見極端的教養方式。有些爸媽嘗試命令式管理：命令孩子把房間收乾淨，沒收完就不准看電視或出去玩。孩子要不是無視爸媽，不然就是跟爸媽爭論，或是採取典型的被動攻擊行為。孩子聽見爸媽訓話、責備他們做家事缺乏熱忱，便會採取自我防衛、反抗叛逆的態度。即使真的無法反抗爸媽，孩子也會選擇做得越少越好。

> 每個人都做好本分，生活才會更順利、更輕鬆，也會有趣得多。

以下這種對話，你是不是也很熟悉呢？

家長：把鞋子放好，不然就不准玩電腦！

家長（過了二十分鐘，碎碎唸了一堆之後）：欸，你沒把襪子撿起來！

孩子：你又沒說要收襪子！

有的家長認為孩子的本分就是玩樂，或是實在難以讓孩子配合，所以慈愛的家長（通常是媽媽）老是在後頭幫孩子收拾善後，幫孩子洗衣服，幫孩子端茶倒水（「媽，妳能不能幫我拿瓶汽水？」），準備孩子最愛吃的食物，然後滿腹怨氣地想，這些孩子為什麼就是不懂得自己做事？答案很簡單：孩子有你就夠了，何必自己來？我們反覆強調溫和且堅定的教養方式，雖然孩子還是不愛做家事、也不得不做家事，但父母溫和且堅定的態度可以減少孩子的排斥感。

> 家事與零用錢掛勾，造成了太多處罰、獎賞、賄賂等缺乏尊重的控制手段。

共同合作的家庭

一份研究報告發現，只要以尊重的態度請求對方配合，十次當中有七次都會獲得正面的答覆。（請注意，並不是十次中的十次！）以零用錢獎勵孩子做家事是一種賄賂，剝奪了孩子學習「不為私利」熱心助人、與人合作的機會。

家事與零用錢應該是兩個互不相干的議題；這兩件事不相干涉的時候，孩子最能夠有效吸收父母想要教導的價值與觀念。不論是日常家事，或是家中的其他工作，都只是家庭生活的一環。爸爸媽媽做家事不支薪，孩子既然是家庭裡的一分子，自然也能一起合作、奉獻，在過程中培養社會情懷、學習實用的生活技能。爸媽若能維持溫和且堅定的態度，對於孩子的學習會很有幫助。

「堅定」的態度，來自於清楚知道自己的目標。期待孩子幫忙做家事合情合理，不僅是因為孩子享受了住在你家的好處，同時也因為他們必須學會這些技能，未來才能獨立生活。

安排孩子做家事的時候，必須考量孩子現階段的年齡與能力。期待孩子「幫忙」他們發展上還做不到的事，只會讓親子雙方備感挫折。比方說，爸媽把「整理房間」這項工作細分為簡單的步驟，四歲大的孩子便能輕鬆勝任：「你能不能把書撿起來？」「那芭比娃娃應該去哪裡？」爸媽甚至可以在一旁提供協助。（請記得，教導孩子做事技巧也是理想成果的一部分。）但是，假如爸媽只說一句「把房間收乾淨！」就讓這個四歲小朋友自己收拾房間，事情恐怕不會有任何進展。四歲大的孩子無法準確理解這句話的意思，也還沒有發展出足以完成這項工作的毅力與注意力廣度。等到孩子年紀再大一點，便能更熟練地完成這項工作。安排孩子做家事之前，務必確認孩子的身心發展狀況足以完成你交辦的任務。

「溫和」的態度，也就是老人家常說的那句老話：甜言蜜語比尖刻言詞管用得多。要說服別人配合，不必嚴詞怒罵；面帶微笑，對方反而更願意合作。信不信由你，全家一起做家事也可以是趣味十足的活動。有些家庭發現，每天撥出十五分鐘一起做家事，便能避免事情全都堆在週末，全家做得半死，弄得大家都不愉快。想知道更多解決家事紛爭的好辦法，我們強力推薦琳・洛特與瑞基・印特諾的作品《做家事不必親子大戰》（Chores Without Wars，Prima 出版，一九九八）。

> 不論是日常家事，或是家中的其他工作，都只是家庭生活的一環。

不論選擇哪一種方法，請小心不要採取極端的教養方式，專注於你希望給予孩子的長期影響。你家的小朋友還是很難愛上做家事，但至少家事不會成為全家人的折磨。

功課問題

功課與家事，在孩子「最不想做的事」排行榜上名列前茅；但就像家事一樣，功課也是孩子必須完成的工作之一——儘管我們必須承認，大人有時候也不明白箇中理由。孩子在家寫學習單、寫報告的學習成效令人存疑，但既然老師持續出作業、家長期待孩子寫作業，孩子仍然得完成作業、準時繳交。問題在於，就像做家事一樣，孩子寧可做其他一萬件事也不想寫作業，更別說他們白天在學校已經上了六小時的課（跟打電動遊戲、看電視、出外玩耍比起來，上課也是孩子心目中「無聊透頂」的苦差事）。愛子心切的父母一心想支持孩子的教育、「幫助」孩子提升學業表現，面對孩子的功課問題，往往在無意間採取過度控制的管教方式，或是太過縱容。看看以下幾個故事吧（同樣來自真實案例）。

南西非常重視課業表現，學業成就是她對兩個孩子的首要要求。八歲的梅根聰明伶俐、自信十足，總是輕而易舉拿下好成績；十歲的喬登可就沒這麼幸運了，對他來說，學校生活是令人灰心喪志的折磨，而且還天天上演。學術科目對喬登來說有難度；他有美術天分，學習這個科目的時間卻少之又少。喬登的老師出了成堆的回家作業，喬登必須把作業全部列出來，向媽媽報告他每一週完成功課的計畫。一回到家，媽媽立刻接手老師的工作，開始盯著喬登寫作業。

南西認為作業應該要優先完成，所以喬登要是沒把作業全部寫完，就不准出去玩。閱讀、拼字、念書進度完成之前，不能看電視，也不准吃點心，不許分心做任何事。南西陪喬登坐在桌前（梅根早就做完功課，跟朋友出去玩了），不斷碎碎念、說教、催促，想盡辦法逼他把作業寫完，喬登卻固執地說他不會寫。喬登每天得花上兩、三個小時才能把作業完成，他總是忘了帶作業、找不到書在哪裡、不肯專心寫功課；好不容易寫完了，他又會「忘記」準時繳交。老師每天都得特別寫一張清單給南西，列出當天的待辦事項；南西老是在發號施令，要求喬登把學校用品準備好、把事情做好、問他為什麼不能學學梅根。南西感到挫敗又生氣；喬登灰心到了極點。

另一個例子是凱西，一個九歲的小女孩。凱西也討厭寫作業，不過她找到另一種逃避作業的方法。凱西就是「不會做」：她嚶嚶啜泣、苦苦哀求，說服爸媽學校課業對她來說太難了。為了幫助女兒，忙碌的雙親請了凱西的奶奶過來幫忙。奶奶是位退休教師，她每天下午都到家裡來指導凱西寫作業。其實作業大部分都是奶奶寫的：她幫凱西糾正拼字錯誤、寫數學題，口述文法句構給她聽。凱西表現得十分聽話，她一邊看著最喜歡的兒童節目，一邊草草把作業寫完。凱西的奶奶和雙親都非常愛她，很高興能幫她「克服難關」。

凱西的父母原以為一切十分順利，畢竟凱西的成績平平，也幾乎沒有行為問題——直到懇親會那一天。老師告訴爸爸媽媽，凱西無法完成自己分內的作業。凱西總是坐在願意讓她抄習題的小朋友旁邊，而且已經習慣顛倒著閱讀別人的答案了。凱西的成績還過得去，但她什麼也沒學會，精通的只有控制別人幫她完成工作的技巧。

喬登的媽媽一心想幫助學業表現欠佳的兒子，採取了過度控制的方法；喬登想盡辦法抵抗，一天比一天更灰心，也沒有學到有助於邁向成功人生的技能與態度。凱西的父母和奶奶則把她寵壞了，他們替孩子完成作業，一方面是為了鼓勵、幫助孩子，另一方面也可能因為這是解決問題最簡單的辦法。凱西沒有培養出自信心，對自己的能力也一無所知；在她的心目中，完成一件困難工作最好的辦法，就是讓別人替她動手。很可惜，這兩個孩子的學業表現都沒有改善，也沒有學到將來能派上用場的技能和觀念。

缺乏動力

問：請教教我該怎麼改善兒子的學習狀況。我兒子九歲，現在念四年級，他聰明又有天分，卻只想花最少的力氣把事情做完交差。他也常常丟三落四，忘了把學習單或課本帶回家。身為一個家長，兒子的情況讓我很挫折，因為我不知道該如何幫助他。他如果交不出作業，在學校會面臨合理的處罰（不能下課），但是家長該怎麼做，才能把孩子培養成更負責任、更積極的人，讓他願意全力以赴？

答：教孩子負責任最好的辦法，就是父母「有意識地不負責」。換句話說，如果有爸媽負責打點好一切，那孩子為什麼要負責？要是別人一直告訴你該做什麼事，你是不是也會不高興？光是這點就足以讓大多數的人叛逆了。

完美管控兒子的一舉一動，對他並沒有實質上的幫助。這是你該放手的時候了；但是放手並不等於放棄，你雖然不會出手替孩子收拾殘局，仍然可以對他的感受表達理解。如果老師罰他不能下課，你可以表示同情，就這樣。當父母不再逼孩子積極的時候，你會驚訝於孩子變得多積極。

另一個可能的做法，是幫助孩子探索自身選擇的後果，但不要說教。父母可以提出「好奇問句」，父母必須懷著對孩子的好奇心，而不是期待孩子說出你心目中的標準答案。不妨問孩子：「你覺得最重要的是什麼？如果忘了帶作業，會發生什麼事？你有什麼感覺？你從這次經驗學到什麼？你有沒有什麼解決問題的好點子（如果孩子想解決問題的話）？」否則，父母只要表現同理心就好。

另一個可能方案，是與孩子合力解決問題。先問孩子，他的目標是什麼？接著問他是否願意跟你一起腦力激盪，列出幾個能幫助他達成目標的方法。最後告訴孩子，你對他有信心，他一定有能力完成人生中想做的事情。

鼓勵孩子、建立信心的方法還有很多，不過我們只給你最後一個建議：讓孩子體會失敗。父母不妨表達同理心，相信孩子能夠從錯誤中學習。每一次錯誤都是最好的學習機會；從哪裡跌倒，就從哪裡爬起來，有了這次經驗，他一定可以做得比從前都還要好——這將是你教給孩子最寶貴的一課。

健康的寫作業習慣

雖然寫作業是孩子的責任，不是父母的責任，但值得反覆提醒的是，世上幾乎沒有愛寫作業的孩子。如果你想把孩子教成小小學者，以寫學習單為人生目標，那你恐怕要大失所望了。父母以溫和且堅定的態度處理功課問題，孩子便能從中學會負責、自律，運氣好的話，也許還能學到一些閱讀、寫作、算術技巧。

布蘭迪是個伶俐的九歲女孩，學業表現中上，但她實在不喜歡寫作業，下午寧可出去踢足球，或是窩在房間讀一本好書。老師發了一張通知單給布蘭迪的媽媽，凱瑟琳，單子上說布蘭迪沒有好好寫作業，成績岌岌可危。

凱瑟琳認為教育確實重要，但她太瞭解女兒了。布蘭迪是個活潑的陽光女孩，長時間坐在椅子上對她來說有點折磨人，更別說比寫作業有趣的事實在太多了。凱瑟琳曾經試著監督女兒寫作業，但只是徒然搞得母女倆挫敗又煩躁，成效不彰。於是，凱瑟琳邀請布蘭迪召開一場迷你家庭會議，為功課問題想想辦法。

當天下午，母女倆一起坐下來享用檸檬水和餅乾。布蘭迪顯得有點焦慮，今天的議題讓她避之唯恐不及。

「老師說妳的作業有點問題，」凱瑟琳起了個頭。布蘭迪一聽，戲劇化地垂下肩膀，大聲嘆氣，翻了翻白眼。

「喔，媽咪，彼得森老師真是太無趣了，她一點想像力都沒有。我們每天都做那些老掉牙的作業，一直重複做一樣的事情，煩死了。」

凱瑟琳聽了大笑。「我在妳這個年紀的時候也會這樣講，我的四年級老師也很無聊。我知道寫作業沒什麼樂趣，何況是妳《哈利波特》才看到一半的時候。但是學業還是很重要啊，寶貝。妳覺得我們該怎麼辦？」

布蘭迪聳聳肩說，「不知道。」她不急著幫媽媽解決這個問題。

凱瑟琳凝視了女兒一會兒。「好，我們試試這招吧。妳覺得拿什麼成績才夠好？」

布蘭迪皺起眉頭——這題一定有陷阱。「媽咪，什麼意思？」

「嗯，我知道妳夠聰明，妳看，妳找到喜歡的書的時候看得多開心，而且凡是樂在其中的事情，妳都做得很好。我只是在想，不知道妳拿到什麼成績才會滿意。拿到什麼成績妳才會為自己感到驕傲？」

布蘭迪猶豫了一會兒，發現媽媽是認真的，於是回答，「我可能想拿 B，大概吧。有時候要拿到 A 太難了，但我很討厭拿 C。而且我知道你和爸比看到 C 也不太高興。」

「寶貝，不管妳拿幾分，我們一樣愛妳，但我們也知道妳可以做得更好。不然我們以 B 為目標吧，感覺滿實際的。功課要做得多好才能拿到 B？」

「我應該可以去問彼得森老師，」布蘭迪說。「拿 B 就夠了嗎？我一直覺得要拿 A 才會讓妳開心，想到就讓我很挫折。」

「拿 B 我就會很開心了，布蘭迪。」凱瑟琳說。「不如我們一起去找彼得森老師談談吧？」

瞭解彼得森老師的評量標準之後，凱瑟琳和布蘭迪重新擬定作戰計畫。布蘭迪會負責準備好學校用品、完成作業；媽媽偶爾會問她進度如何、是否需要協助。布蘭迪也承認，前一天晚上先把課本和作業放在門邊，她早上比較容易記得帶，也不會搞得一團混亂。布蘭迪自己決定，她在放學後想為自己留一個小時踢足球、閱讀，或只是單純放鬆，從一整天的課程當中恢復精神。休息一個小時之後，她會乖乖開始寫作業。媽媽和布蘭迪達成協議，兩週後再開一次家庭會議，看看成效如何。

過了幾個禮拜，計畫內容也經過些微調整，母女雙方才終於解決了功課問題。不過，過程中布蘭迪非常配合，因為媽媽尊重她的意見，也讓她參與制訂計畫。一天下午，布蘭迪放學回家，手中揮舞著一張通知單：彼得森老師誇獎她的課業表現進步不少。

「這感覺真好，」布蘭迪衝著媽媽咧嘴一笑。「我喜歡功課進步的感覺。我要出去玩一下，回來還要寫數學題。待會見！」

凱瑟琳面帶微笑，目送女兒蹦蹦跳跳地跑出門外。放手讓布蘭迪為自己的功課負責並不容易，不過確實帶來了很好的結果。

未來怎麼走？

做「對」的事，在書中看起來總是很簡單，但是等到你面對自己的孩子、面對你對孩子的期待，可就難上許多。世上有成千上百種教養工具，全都擁有成功的潛質；為人父母的職責，在於瞭解自己的孩子，以長遠的眼光思考孩子現階段學到的觀念、做出的決定，盡己所能為孩子做出最好的教養決策。一如各位所見，用健康的方式教養孩子有時候並不簡單，也可能讓父母心裡不好受。

請你暫停片刻，再想一想你對孩子的期望和夢想，想想你希望孩子發展什麼樣的人格特質，希望他們成為什麼樣的人。想想孩子對上你的眼神、擁抱你，或是看見孩子香甜的睡臉時，無預警向你襲來的父母之愛；讓這份難以抑遏、簡直要融化整顆心的愛給你力量，推動你為孩子選擇生命的活力、韌性與處事能力。請你愛他們，愛得足以做出最困難的決定：諄諄教誨、循循善誘，讓孩子自己與人生對抗一會兒，從中學習如何好好過生活。溫和且堅定的教養法以及長程思考，將會在漫長的旅途中為你領路。

結語

本書涵蓋了很多主題，也許你會好奇我們究竟想談什麼。對於常人來說，改變現況既痛苦又充滿挑戰；重新檢視自己的教養觀念已經令人手足無措，更別說要實際改變教養方式了。我們都懂；我們也是過來人，每當孩子又帶來新的議題、新的問題、新的成長過程，我們仍然在掙扎中持續改變、不斷成長。我們偷偷懷疑，這個過程也許永遠不會止息。

其實，愛太多的父母都有個如影隨形、令人不快的夥伴：擔憂。如果你在有意、無意之間，曾經試著控制孩子的想法與行為，很可能是因為你對孩子感到擔憂。假如你曾經溺愛孩子、幫孩子收拾殘局，我們敢打賭，在夜深人靜的時候，你一定也曾尋思這麼做究竟對不對，憂心孩子是否能培養出正確的人生觀。即使家長以健康、有效的方式愛孩子，以溫和且堅定的方式教養孩子、考量孩子做出的決定，仍然難免感到憂心——只是擔憂的事情不盡相同。

生兒育女、辛苦拉拔孩子長大，最後放手讓年輕人獨立，過程中沒有任何保證。全天下的父母都擔心疾病與意外的襲擊，憂心錯誤的選擇帶來不幸，擔心其他人會傷害我們深愛的孩子。

愛太多最大的陷阱，也許是害得父母忘了享受與孩子相伴的時光，欣賞孩子最真的模樣。現代父母執著於成績、表現、成就（「我家小孩能不能考上一流大學？」）、面子——全都是以愛為名。但是這種教養觀真的能讓孩子感受到愛嗎？我們不這麼認為。某次歐普拉脫口秀（Oprah show）當中，談起讓孩子感受到愛的最佳辦法，美國作家托妮・莫里森（Toni Morrison）這麼說：「孩子走進房間的那一刻，是不是瞬間點亮了你的眼神？」

學習以健康的方式愛孩子，避免前文討論的極端教養方式，也能讓父母稍微放鬆一點。沒有人能保護孩子永遠不受痛苦折磨，這是生命中少數的必經之路；但是，父母若勇於檢視自己的觀念與選擇，除了保有感性之外也用理性做決定，就會明白自己給了孩子最好的機會，培養孩子成為獨立自主的成年人。在這種教養下長大的孩子，也能夠以健康的方式愛自己、愛別人、愛自己的孩子。

你有自己的強項與弱點，孩子也是一樣的。人生永遠不會完美，但是你和孩子仍然可

許多父母發現，這些與孩子相伴的珍貴回憶，讓他們找回最真的父母心。

以過得很美好。請你閉上眼睛，想想孩子的面孔；回想孩子邁出的第一步、說出的第一個字，回想他們第一次探索世界的模樣。許多父母發現，這些與孩子相伴的珍貴回憶，讓他們找回最真的父母心，找回為另一個人奉獻時間與心力的智慧、熱情、勇氣與愛心。是那份難以言說的「愛」給了你力量，做出每一個艱難的決定，引導孩子平安走過人生的旅途。

讀到這裡，你內心一定有所疑惑；你必須尋找解答，相信自己找到的答案。你是最瞭解自家孩子的「專家」；我們對你的孩子一無所知，只是善於提出刁鑽的問題罷了。你是否也曾仰賴過度控制、放縱等極端的教養方式？這些方法對你和孩子有效嗎？孩子從中培養出什麼樣的自我認知、人生觀念？孩子做出的決定，未來會帶領他們走向何方？該如何與孩子保持緊密的連結，在成長的路上幫助他們？這個世界未來是什麼模樣，端看你和其他父母找到什麼答案。

愛太多最大的陷阱，也許是害得父母忘了享受與孩子相伴的時光，欣賞孩子最真的模樣。

國家圖書館出版品預行編目資料

溫和且堅定的正向教養2：愛太多的父母，如何透過瞭解自己而改變孩子，培養孩子的品格與能力 / 簡.尼爾森(Jane Nelsen), 雪柔.埃爾溫(Cheryl Erwin)著 ; 簡捷譯. -- 初版. -- 臺北市 : 遠流, 2019.05
面； 公分
譯自 :Parents Who Love Too Much：How Good Parents Can Learn to Love More Wisely and Develop Children of Character

ISBN 978-957-32-8538-0(平裝)

1.親職教育 2.親子溝通

528.2 108004978

溫和且堅定的正向教養 2

愛太多的父母，如何透過瞭解自己而改變孩子，培養孩子的品格與能力

Parents Who Love Too Much：How Good Parents Can Learn to Love More Wisely and Develop Children of Character

---

作　　者 簡・尼爾森博士（Jane Nelsen, Ed.D.）、
雪柔・埃爾溫（Cheryl Erwin, M.A.）
譯　　者 簡捷
責任編輯 陳希林
行銷企畫 許凱鈞
封面設計 陳文德
內文構成 6 宅貓

發行人 王榮文
出版發行 遠流出版事業股份有限公司
地址 臺北市南昌路 2 段 81 號 6 樓
客服電話 02-2392-6899
傳真 02-2392-6658
郵撥 0189456-1
著作權顧問 蕭雄淋律師
2019 年 5 月 01 日 初版一刷
定價 平裝新台幣 360 元（如有缺頁或破損，請寄回更換）

ISBN 978-957-32-8538-0
YLib 遠流博識網 http://www.ylib.com E-mail: ylib@ylib.com
